# POLYGLOTT on tour

# Malaysia

### Die Autorin
**Renate Loose,**

Germanistin und Geografin, machte ihr Hobby zum Beruf. Seit Ende der 1970er-Jahre reist sie jedes Jahr für mehrere Monate durch Südostasien und recherchiert dort die Veränderungen der touristischen Infrastruktur für verschiedene Reiseführer.

D1691067

INHALT

# REISEPLANUNG

| | |
|---|---|
| Die Reiseregion im Überblick | 8 |

## Extra-Touren — 9

**Tour ❶ Die Highlights von West-Malaysia** (2 Wochen) — 9
Kuala Lumpur › Penang › Kota Bharu › Perhentian › Kuala Lipis › Taman Negara › Kuala Lumpur

**Tour ❷ Winterreise entlang der Westküste** (2 Wochen) — 10
Johor Bahru › Melaka › Kuala Lumpur › Cameron Highlands › Ipoh › Penang › Alor Setar › Langkawi

**Tour ❸ Quer durch die malaiische Halbinsel** (3 Wochen) — 11
Kuala Lumpur › Cameron Highlands › Ipoh › Kuala Kangsar › Taiping › Penang › Kota Bharu › Kuala Terengganu › Kuantan › Melaka › Tioman › Kuala Lumpur

**Tour ❹ Die große Borneotour** (2 × 1 Woche) — 12
Kuching › Miri › Gunung-Mulu-Nationalpark › Kota Kinabalu › Gunung-Kinabalu-Nationalpark › Sandakan › Kota Kinabalu

| | |
|---|---|
| Klima & Reisezeit | 16 |
| Anreise, Reisen im Land | 17 |
| Sport & Aktivitäten | 18 |
| Unterkunft | 20 |
| Infos von A–Z | 138 |
| Register | 142 |
| SPECIAL Kinder | 14 |
| SPECIAL Malayische Küche | 37 |
| SPECIAL Hawker Stalls | 38 |
| SPECIAL Nationalparks | 110 |
| SPECIAL Langhäuser | 123 |

# LAND & LEUTE

| | |
|---|---|
| Steckbrief | 24 |
| Geschichte im Überblick | 26 |
| Natur & Umwelt | 28 |
| Die Menschen | 29 |
| Kunst, Kultur und Kunsthandwerk | 32 |
| Feste & Veranstaltungen | 34 |
| Essen & Trinken | 35 |
| Mini-Dolmetscher | 144 |

**INHALT**

## TOP-TOUREN IN MALAYSIA

### Kuala Lumpur und die südliche Halbinsel _____ 42

Modern und multikulturell präsentiert sich Kuala Lumpur, das Eingangstor nach Malaysia, geschichtsträchtig die liebevoll herausgeputzte Innenstadt von Melaka, und an der Ostküste verlocken die Sandstrände der Tropeninsel Tioman zum Nichtstun.

Touren in der Region
Tour ❺ **Rundgang durch Kuala Lumpur** _____ 44
Tour ❻ **Highlights im Süden** _____ 45

**Unterwegs in Kuala Lumpur** _____ 45
  Petronas Twin Towers › Das historische Viertel › Chinatown ›
  Südliche City › Ausflüge

**Unterwegs im Süden der Halbinsel** _____ 54
  Putrajaya › Melaka › Johor Bahru › Mersing › Tioman

### Der Westen der Halbinsel _____ 63

Zwischen den wolkenverhangenen Teeplantagen der Cameron Highlands und den von Dschungel umrahmten Tropenstränden auf Langkawi lohnen Höhlentempel, historische Städte und herrliche Moscheen einen Zwischenstopp, vor allem die Altstadt von Georgetown auf Penang.

Touren in der Region
Tour ❼ **Das koloniale Erbe: Von Kuala Lumpur nach Penang** _ 65
Tour ❽ **Sultansstädte und Palmenstrände** _____ 66

**Unterwegs in in der Region** _____ 68
  Penang › Langkawi › Alor Setar › Cameron Highlands › Pangkor › Ipoh ›
  Kuala Kangsar › Taiping

INHALT

## Die Ostküste und der Taman Negara — 95

An den Stränden der Ostküste wird Baden und Entspannen groß geschrieben, in den Städten erschließt sich die malaiische Kultur und im Hinterland ermöglichen ein riesiger Stausee, Nationalparks und Schutzgebiete das Erkunden der noch verbliebenen Regenwälder.

Tour in der Region
**Tour ⑨ Vom Strand zum Regenwald** _____ 97

**Unterwegs in der Region** _____ 98
    Kota Bharu › Perhentian-Inseln › Kuala Terengganu › Tasik Kenyir › Kuantan › Cherating › Taman Negara › Kuala Lipis › Kenong-Rimba-Park › Kuala Gandah Elephant Sanctuary

## Ost-Malaysia (Sarawak und Sabah) — 113

Die Insel Borneo überrascht mit multikulturellen Städten und Traumstränden, im Hinterland von Sarawak locken Langhäuser und gewaltige Höhlensysteme und in Sabah Orang-Utan, Elefanten und andere Dschungelbewohner sowie der alles überragende Gunung Kinabalu.

Touren in der Region
**Tour ⑩ Fahrt zu den Langhäusern** _____ 115
**Tour ⑪ Sabah umrunden** _____ 116

**Unterwegs in Sarawak** _____ 118
    Kuching › Damai › Bako-Nationalpark › Semenggoh Wildlife Rehabilitation Centre › Jong's Krokodilfarm › Miri › Niah-Höhlen › Gunung-Mulu-Nationalpark

**Unterwegs in Sabah** _____ 128
    Kota Kinabalu › Tunku-Abdul-Rahman-Nationalpark › Kinabalu-Nationalpark › Poring › Sandakan › Sepilok › Turtle Islands › Kinabatangan › Danum Valley › Sipadan › Tawau

| **Allgemeine Karten** | | **Melaka** | 57 |
|---|---|---|---|
| Die Lage Malaysias | 24 | West-Malaysia | 67 |
| Übersichtskarte Extra-Touren und Kapitel | **Umschlag hinten** | Georgetown | 69 |
| | | Penang | 75 |
| | | Langkawi | 82 |
| **Landes-Karten** | | Sarawak | 114 |
| Kuala Lumpur | 46 | Sabah | 117 |
| Kuala Lumpur, Zentrum | 48 | Kuching | 119 |

Exotische Vielfalt auf dem Markt

### Erst-klassig

| | |
|---|---:|
| Bunte Unterwasserwelt | 19 |
| Stilvoll wohnen | 21 |
| Ethnische Vielfalt und Fusion Cuisine | 36 |
| Attraktive Märkte | 59 |
| Hoch hinaus – die besten Aussichtspunkte | 83 |
| Aufregende Dschungelwanderungen | 109 |

Nasenaffen im Kinabalu-Nationalpark

# REISE-PLANUNG

# Die Reiseregion im Überblick

Malaysia besteht aus zwei Landesteilen: Die Halbinsel West-Malaysia erstreckt sich zwischen Thailand im Norden und Singapur im Süden, das anderthalb Flugstunden entfernte Ost-Malaysia besetzt den Norden der Insel Borneo im Südchinesischen Meer. Schon die frühen Seefahrer kreuzten durch die vielbefahrene Seestraße von Malakka entlang der Westküste des heutigen Malaysias. So gesellten sich zu den frühen Dschungelbewohnern im Laufe der Jahrhunderte Bugis, Minangkabau und Acehnesen, später auch Araber, Inder und Chinesen. Auch portugiesische, holländische, britische Kolonialherren und Abenteurer hinterließen hier markante Spuren.

Dieses bunte Völkergemisch und ihre präsenten Kulturen sind einzigartig in Asien und machen den Reiz einer Reise durch Malaysia aus – nicht nur beim Essengehen. Quirlige Küstenstädte mit spannenden Altstadtvierteln, der älteste Dschungel und die größten Höhlen der Welt, der höchste Berg und die faszinierend vielfältige Flora und Fauna wollen entdeckt werden.

Die erste Überraschung erlebt der Besucher bei der Ankunft in der Hauptstadt **Kuala Lumpur**: Futuristische Wolkenkratzer und supermoderne, riesige Shopping Malls führen vor, dass das aufstrebende Schwellenland längst im 21. Jahrhundert angekommen ist. Ganz anders dagegen das geschichtsträchtige Melaka im **Süden der Halbinsel**, in dessen historischem Zentrum man nicht nur die Spuren seiner ereignisreichen Kolonialgeschichte, sondern auch tief verwurzelte chinesische Traditionen entdecken kann. Von dort ist es dann nicht mehr weit auf die Insel Tioman und den passenden Palmenstrand zum Entspannen.

Der **Westen der Halbinsel**, nördlich von KL, verspricht weitere kulturelle Höhepunkte: Die Altstadt von Georgetown auf der Insel Penang verweist mit ihren prächtigen Tempeln, Pagoden, chinesischen Clanhäusern und Kolonialbauten auf das reiche historische Erbe. Auf dem Weg dorthin laden die malaiischen Sultansstädte Alor Setar und Kuala Kangsar sowie die chinesischen Zentren Ipoh und Taiping mit sehenswerten Moscheen und buddhistischen Höhlentempel zu einem Zwischenstopp ein. Für entspannende Auszeiten locken je nach Gusto das kühle von Teeplantagen und Bergwäldern bedeckte Hochland der Cameron Highlands und die tropischen Sandstrände mit ihren feinen Resorts auf Penang oder den Inseln Pangkor und Langkawi. Hier können Urlauber auch im Winter Badefreuden genießen, wenn der Nordostmonsun die Strände der Ostküste von oben überspült.

An der malaiisch, muslimisch geprägten **Ostküste** geht es sehr viel geruhsamer zu. Im Kulturzentrum von Kota Bharu, nahe der Grenze zu Thailand, kann man traditionelles Kunsthandwerk, Tänze und Wettkämpfe in klassischen Ostküste-Sparten wie Flugdrachen und Riesenkreisel bestaunen. In den Sommermonaten wird es wohl die meisten Besucher an die Traumstrände der Perhentian-Inseln mit ihren tropischen Korallenriffen und ihrer reichen Unterwasserwelt oder zu den wenigen Hotelanlagen entlang der Küste zwischen Kota Bharu, Kuala Terengganu und Kuantan ziehen. Das Hinterland jenseits der Ölpalmplantagen und Reisfelder bedecken Jahrmillionen Jahre alte Urwälder. Am besten erschlossen ist der **Taman Negara**, den man auch auf eigene Faust erkunden kann.

**Ost-Malaysia** auf der Insel Borneo liegt über 500 km von der Südspitze der malaiischen Halbinsel entfernt. Borneo – schon allein der Name klingt nach Abenteuer und Kopfjägern. Wer allerdings in die Bundesstaaten Sarawak und Sabah fährt, landet zuerst in den modernen, multikulturellen Küstenstädten Kuching, Miri oder Kota Kinabalu. Erst in den Langhäusern im Hinterland oder in den als Nationalparks geschützten Tropenwäldern ist etwas von diesem Mythos zu spüren. Bleibende Eindrücke hinterlassen Erkundungen der Niah und Gulung Mulu Caves, Begegnungen mit Orang-Utans, Nasenaffen, Elefanten und anderen Dschungelbewohnern sowie Wanderungen oder gar die Besteigung des 4095 m hohen Gunung Kinabalu.

# Extra-Touren

## Die Highlights von West-Malaysia in zwei Wochen

**Tour-Übersicht:**
**Kuala Lumpur** › **Penang** › **Kota Bharu** › **Pulau Perhentian** › **Kuala Lipis**
› **Taman Negara** › **Kuala Lumpur**

**Distanzen:**
**Kuala Lumpur** › **Penang** 4/6 Std. per Auto/Bus; **Penang** › **Kota Bharu** 6 Std.; **Kota Bharu** › **Pulau Perhentian** 1 Std. per Bus und 1 Std. per Boot ab Kuala Besut; **Pulau Perhentian** › **Taman Negara (Kuala Tahan)** 1 Std. per Boot nach Kuala Besut und 6/10 Std. per Auto/Bus oder Überlandtaxi über Kota Bharu, Gua Musang und Kuala Lipis; oder mit dem Zug (*jungletrain*) bis Kuala Tembeling und weiter mit dem Boot bis zum Parkeingang › **Taman Negara** › **Kuala Lumpur** 4 Std.

**Verkehrsmittel:**
Die Halbinsel lässt sich bequem mit einem Mietwagen › S. 17 bereisen. Achten Sie darauf, dass dieser einen Navi hat. Wer nicht selbst fahren möchte, kann per Bus oder Überlandtaxis reisen, oder eine Teilstrecke auch mit dem Zug machen.

REISEPLANUNG › Extra-Touren › ❷ Entlang der Westküste 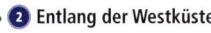 › Karte Umschlag

Diese Reise bietet Ihnen von allem etwas. Nach zwei Tagen in der modernen Hauptstadt **Kuala Lumpur** › S. 45 reisen Sie am 3. Tag entlang der Westküste auf die **Insel Penang** › S. 68, wo Sie sich drei Nächte einquartieren sollten. Bummeln Sie in ***Georgetown** › S. 68 durch die Straßen der Chinatown und unternehmen Sie an einem Tag eine Inselrundfahrt zu buddhistischen Tempeln, Dörfern und Stränden.

Am 6. Tag geht es weiter quer durch die teils noch von Dschungel bedeckte Halbinsel in das malaiisch geprägte *Kota Bharu* › S. 98 und am nächsten Tag auf die **Perhentian-Inseln** › S. 100 zu einem erholsamen dreitägigen Badeurlaub. Der lange 11. Reisetag ist bei Wanderungen im Dschungel des **Taman Negara** › S. 106 schnell vergessen. Bevor Sie am 14. Tag zurück nach Kuala Lumpur fahren, sollten Sie auf alle Fälle noch eine Bootsfahrt durch den Nationalpark unternehmen.

## Zweiwöchige Winterreise entlang der Westküste

### Tour-Übersicht:
**Johor Bahru** › **Melaka** › **Kuala Lumpur** › **Cameron Highlands** › **Ipoh** › **Penang** › **Alor Setar** › **Langkawi**

### Distanzen:
**Johor Bahru** › **Melaka** 3 Std.; **Melaka** › **Kuala Lumpur** 2 Std.; **Kuala Lumpur** › **Cameron Highlands** 3 Std.; **Cameron Highlands** › **Ipoh** 2 Std.; **Ipoh** › **Georgetown Penang** 2 Std.; **Penang** › **Alor Setar** 1,5 Std.; **Alor Setar** › **Langkawi** 30 Min. per Bus bis Kuala Kedah und 1 Std. per Fähre.

### Verkehrsmittel:
Über die Autobahn entlang der Westküste kommt man schnell voran, dort verkehren auch viele Busse. Eine bequeme Alternative sind auf allen Strecken Überlandtaxis.

Wer von Singapur kommt, wird die Malaysia-Reise in **Johor Bahru** › S. 59 beginnen. Der quirlige Nachtmarkt lohnt eine Übernachtung in der Grenzstadt. Planen Sie zwei Nächte ein für das historische ***Melaka** › S. 54 mit zahlreichen Museen. Drei Nächte sollten es für die moderne Hauptstadt **Kuala Lumpur** › S. 45 sein mit ihren vielfältigen Sehenswürdigkeiten und Einkaufsmöglichkeiten.

Am 7. Tag erreichen Sie die *Cameron Highlands* › S. 85. Nach zwei kühlen Nächten und Tagen, die Sie zu Wanderungen im Hochland und dem Besuch einer Teeplantage nutzen können, geht es hinab nach *Ipoh* › S. 90, wo Sie

**Quer durch die malaiische Halbinsel** ‹ Extra-Touren ‹ REISEPLANUNG

sich in der Stadt für eine Nacht einquartieren. Nachmittags nehmen Sie sich Zeit für die Erkundung der buddhistischen Höhlentempel.

Am 10. Tag erreichen Sie das quirlige, chinesisch geprägte **\*\*\*Georgetown** › S. 68 auf der **\*\*Insel Penang** › S. 68 (siehe Tour 1), wo Sie drei Tage verbringen. Nach einer Nacht in der eher gemächlichen Sultansstadt **\*Alor Setar** › S. 84 fahren Sie auf die Urlaubsinsel **\*\*Langkawi** › S. 78, wo Sie sich an einem der Strände erholen können.

## Drei Wochen quer durch die malaiische Halbinsel

### Tour-Übersicht:
**Kuala Lumpur** › **Cameron Highlands** › **Ipoh** › **Kuala Kangsar** › **Taiping** › **Penang** › **Kota Bharu** › **Kuala Terengganu** › **Kuantan** › **Melaka** › **Tioman** › **Kuala Lumpur**

### Distanzen:
**Kuala Lumpur** › **Cameron Highlands** 3 Std.; **Cameron Highlands** › **Ipoh** 2 Std.; **Ipoh** › **Kuala Kangsar** 1 Std.; **Kuala Kangsar** › **Taiping** ¾ Std.; **Taiping** › **Penang** 1½ Std.; **Penang** › **Kota Bharu** 5½ Std.; **Kota Bharu** › **Kuala Terengganu** 2 Std.; **Kuala Terengganu** › **Kuantan** 3 Std.; **Kuantan** › **Melaka** 4 Std.; **Melaka** › **Tioman** 3 Std. per Bus und 2 Std. per Boot ab Mersing; **Tioman** › **Kuala Lumpur** 1 Std. Flug.

### Verkehrsmittel:
Wer diese Rundreise mit dem Mietwagen macht, kann weitere Stopps an der Ostküste einlegen. Alle Busreisen können auch mit dem Überlandtaxi unternommen werden, was sich zwischen Ipoh und Penang empfiehlt, da interessante Ziele außerhalb der Stadtzentren liegen. Boote nach Tioman fahren mindestens bis 15 Uhr, sodass man die Insel in einem Tag erreichen kann.

Nach einem zweitägigen Aufenthalt in **\*\*Kuala Lumpur** › S. 45 fahren Sie zum Abkühlen für zwei Nächte hinauf in die **\*Cameron Highlands** › S. 85. Am 5. Tag sind Sie schnell in **\*Ipoh** › S. 90, wo Sie vielleicht einen netten Taxifahrer für die Besichtigung der Höhlentempel finden, der sie am folgenden Tag nach **\*Kuala Kangsar** › S. 93, in die chinesische Stadt **Taiping** › S. 94 und weiter nach **\*\*\*Georgetown** › S. 68 auf der **\*\*Insel Penang** › S. 68 bringt. Hier werden Sie den 7. und 8. Tag verbringen.

Der 9. Tag ist für die Fahrt nach **\*Kota Bharu** › S. 98 reserviert. Planen Sie Ihren Aufenthalt so, dass Sie am Abend eine Veranstaltung im Kulturzentrum Gelanggang Seni besuchen können. Am nächsten Morgen bleibt Zeit

REISEPLANUNG › Extra-Touren › ❹ Die große Borneotour › Karte Umschlag

für eine Stadtbesichtigung, bevor es entlang der Ostküste Richtung Süden in die moderne Sultansstadt **Kuala Terengganu** › S. 102 geht. Sollten Sie nicht zuvor bereits weiter nördlich an der Küste einen netten Platz zum Bleiben gefunden haben, können Sie hier drei Nächte Station machen, um am 11. Tag das Museum, die Märkte und Kunsthandwerkszentren zu erkunden und am 12. Tag einen Ausflug zum Stausee **Tasik Kenyir** › S. 103 zu unternehmen. Danach geht es weiter nach **Kuantan** › S. 104, am besten mit einem Mietwagen auf schmalen Küstenstraßen.

Am nächsten Morgen verlassen Sie die Ostküste kurz Richtung Westen, um zwei Tage in der historischen Altstadt von **\*\*\*Melaka** › S. 54 zu verweilen. Am 17. Tag erwartet Sie mit **\*\*Pulau Tioman** › S. 61 eine schöne Badeinsel, von der Sie nach drei erholsamen Tagen nach Kuala Lumpur zurückkehren.

##  Die große Borneotour – zweimal eine Woche

**Tour-Übersicht:**
Kuching › Miri › Gunung-Mulu-Nationalpark › Kota Kinabalu › Gunung-Kinabalu-Nationalpark › Sandakan › Kota Kinabalu

**Distanzen:**
**Kuching** › Miri 1 Std. Flug; **Miri** › Gunung-Mulu-Nationalpark ½ Std. Flug; **Gunung-Mulu-Nationalpark** › Kota Kinabalu 1½ Std. Flug; **Kota Kinabalu** › Gunung-Kinabalu-Nationalpark 2 Std. per Bus; **Gunung-Kinabalu-Nationalpark** › Sandakan 5 Std. per Bus; **Sandakan** › Kota Kinabalu 1 Std. Flug.

**Verkehrsmittel:**
Versuchen Sie bei allen Flügen einen Fensterplatz zu bekommen. Die Aussicht ist fantastisch, vor allem beim Flug zum Gunung-Mulu-Nationalpark. Eine rechtzeitige Reservierung (Reisebüro oder Internet) ist ratsam. Alle Expressbusse zwischen Kota Kinabalu und Sandakan halten auch am Kinabalu-Nationalpark. Informieren Sie sich in den Hotels über die Abfahrtszeiten der Expressbusse. Achtung: Bei Überlandreisen zwischen Sarawak und Sabah müssen Sie erneut durch die Passkontrolle und erhalten ein neues Visum.

Allein in **\*\*Kuching** › S. 118 und Umgebung könnte man einen ganzen Urlaub verbringen. Wenn Sie eine der empfehlenswerten zwei- bis dreitägigen Langhaustouren › S. 115 unternehmen möchten, wird eine Woche für Sarawak nicht reichen, denn auch für den **\*\*\*Gunung-Mulu-Nationalpark** › S. 126 mit seinen spektakulären Höhlen brauchen Sie mind. drei Tage.

Wind Cave im Gunung-Mulu-Nationalpark

Auch für Sabah ist eine Woche das Minimum. Von der Hauptstadt Sabahs, **Kota Kinabalu,** › **S. 128** aus können Sie nach Lust und Laune einen Badeausflug auf die Inseln des **Tunku-Abdul-Rahman-Nationalparks** › **S. 130** machen. Am dritten Tag geht es weiter zum **\*\*\*Gunung-Kinabalu-Nationalpark** › **S. 130**. Man muss kein Bergsteiger sein, um in den abwechslungsreichen Bergwäldern 2 Tage zu wandern und in den heißen Quellen von **Poring** › **S. 132** zu entspannen. Am 6. Tag geht es an die Ostküste in das Handels- und Verwaltungszentrum **Sandakan** › **S. 133**, von wo aus Sie am folgenden Tag die nahe gelegene Orang-Utan-Station in **\*\*Sepilok** › **S. 134** besuchen, bevor es nachmittags mit dem Flugzeug zurück nach Kota Kinabalu geht.

REISEPLANUNG › SPECIAL › Kinder

## SPECIAL
# Unterwegs mit Kindern

Viele Familien haben es bereits ausprobiert und können bestätigen, dass ein Urlaub und sogar eine Rundreise in Malaysia mit Kindern jeglichen Alters möglich ist. Allerdings sollten die Bedürfnisse der Kleinen bei der Planung berücksichtigt werden.

In Malaysia sind Kinder ein selbstverständlicher Teil der Gesellschaft. Familien mit Kindern werden leichter Kontakt zu Einheimischen bekommen, vor allem zu den Frauen. In wenig touristischen Gebieten stehen blonde Kleinkinder im Mittelpunkt und können sich kaum der vielen Zuwendungen und Liebkosungen erwehren.

### Damit sich Kinder wohlfühlen

Das größte Handicap ist der lange Flug mit der Zeitverschiebung. Wie erklären Sie einem Kleinkind, dass es seine innere Uhr umstellen soll, wenn es nachts um 3 Uhr aufwacht und spielen möchte? Deshalb empfiehlt sich für die ersten Tage eine angenehme, ruhige Unterkunft zu wählen und langsam die Umgebung zu erkunden. Zudem ist ein vertrautes Spielzeug die beste Medizin gegen eventuell aufkommendes Heimweh.

Im warmen, tropischen Klima ist darauf zu achten, dass die Kinder genug trinken und die Haut vor intensiver Sonnenstrahlung geschützt ist. Bei Reisen im Winter brauchen vor allem die Kleinen Zeit, sich an das warme Wetter zu gewöhnen. Erkältungen verursachen allerdings meist die zu kalt eingestellten Klimaanlagen. Nehmen Sie deshalb immer etwas zum Überziehen mit. Auch etwas zum Knabbern oder Obst, das geschält werden kann, sollte immer mit dabei sein. Windeln und Babynahrung gibt es in allen größeren Orten und Kekse sowie andere kindgerechte Lebensmittel fast überall. Einige malaiische

Bild oben: Hautnahe Begegnung mit Elefanten

und indische Gerichte können gerade für Kleinkinder zu scharf gewürzt sein. Lieblingsgerichte sind in der Regel gegrillte Fleischspießchen *(sate)*, Krabbenchips *(krupuk)* und chinesischer Reis mit Hühnchen (Hainanese Chicken Rice) sowie die süßen Babybananen. In Touristenrestaurants stehen natürlich auch Standardgerichte wie Spagetti mit Tomatensauce auf der Karte, und in Städten locken die wohlbekannten Fastfood-Ketten.

## Das könnte Kindern gefallen

- **Sandstrände, Meer und Badelandschaften:** Die beliebtesten Ziele für einen Familienurlaub sind natürlich die Strände. Sie werden in der Nähe von Ferienanlagen (Resorts) und guten Hotels regelmäßig gereinigt und gepflegt, sodass die Kleinen unbedenklich spielen können. Viele Hotels der gehobenen Preisklasse verfügen über einen Kinderpool und manche sogar über Badelandschaften.
- **Städte entdecken:** Es gibt vielerlei Attraktionen, die Kindern Spaß machen: Werkstätten von Handwerkern und Märkte ebenso wie Rikschafahrten. Vor allem Melaka und Georgetown auf Penang lassen sich gut mit der Riksha oder zu Fuß erkunden.
- **Museen:** Auch Kindern gefallen Besuche im Petronas Science Centre in K.L. › **S. 45**, in der Galeria Time Tunnel in den Cameron Highlands › **S. 87** und im Sarawak Cultural Village in Damai (Sarawak) › **S. 122**.
- **Begegnungen mit Tieren:** Die Orang-Utan-Rehabilitationszentren in Sarawak › **S. 124** und Sabah › **S. 134** sind ein Highlight. Hier kann man die großen Menschenaffen in freier Wildbahn sehen. Eine interessante Erfahrung sind auch Besuche im Bird Park › **S. 49** und im Aquarium › **S. 45** von Kuala Lumpur und im Zoo von Taiping › **S. 94** nach Einbruch der Dunkelheit. Zu Makaken-Affen, die sich im Botanischen Garten von Penang, an den Batu Caves und vielen anderen Orten herumtreiben, sollte man aber unbedingt Abstand halten, denn die possierlichen Äffchen sind recht bissig.
- **Im Regenwald:** Kürzere Dschungelwanderungen, Bootsfahrten, Höhlenerkundungen und besonders eine Klettertour auf einem der Canopy Walkways machen Schulkindern Spaß. Die besten Ziele sind der Taman Negara › **S. 106**, Poring › **S. 132** sowie eine Fahrt mit der Seilbahn auf den Gunung Machincang auf Langkawi › **S. 82**.

Bootsfahrt im Dschungel

# Klima & Reisezeit

Im tropischen Malaysia schwanken im Tiefland die Tagestemperaturen über das Jahr zwischen 22 °C nachts und 32 °C nachmittags. Lediglich in Höhenlagen kühlt es nachts merklich ab. Hinzu kommt eine hohe Luftfeuchtigkeit, die in der Regenzeit auf über 90 % ansteigen kann.

Die Niederschläge hängen von den Monsunwinden ab, die im Sommer von Südwesten und im Winter von Nordosten her wehen. Während die Westküste der Halbinsel im Regenschatten von Sumatra vom Südwestmonsun nur schwach erfasst wird, trifft der Nordostmonsun im Winter vom offenen Meer her auf die Ostküste und führt dort zu heftigen, lang anhaltenden Regenfällen.

In Ost-Malaysia auf Borneo gehen an zwei von drei Tagen heftige Gewitterregen nieder. Vor allem zwischen Oktober und Februar regnet es in den Küstenregionen von Sandakan und Kuching sehr viel. Allerdings hat es in den vergangenen Jahren auch hier, wie überall auf der Welt, unvorhersehbare Wetterveränderungen gegeben.

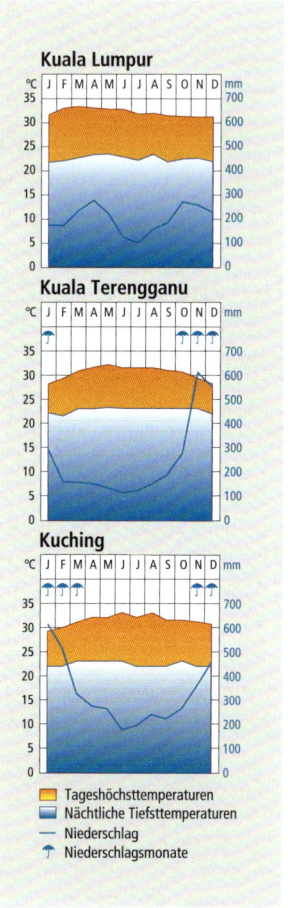

Die Westküste der Malaiischen Halbinsel ist ein ganzjähriges Reiseziel. Die Ostküste und das Landesinnere sollten besser nur zwischen März und August besucht werden. Die Chance auf Sonne ist in Sarawak und Sabah von März bis Oktober am größten.

Während der Schulferien (März/April, Mai/Juni, Ende August und im Nov./Dez.) sowie während des Chinesischen Neujahrsfestes (Jan./Febr.) und Hari Raya (Aug./Sept.) erholen sich viele Einheimische an den Stränden und im Hochland, sodass es zu Engpässen kommen kann.

# Anreise

Der moderne Kuala Lumpur International Airport (KLIA) wird von zahlreichen Gesellschaften angeflogen, darunter von der nationalen Fluggesellschaft Malaysia Airlines (MAS, www.malaysiaairlines.com.my) ab Frankfurt/M. in ca. 12 Stunden. Billigflieger wie die Air Asia landen im 20 km entfernten LCC-Terminal. Von Thailand und Singapur verkehren Züge und zahlreiche Busse. Weitere internationale Flüge führen nach Penang und nach Johor Bahru, Kuching (Sarawak) und Kota Kinabalu (Sabah).

# Reisen im Land

Das Straßennetz ist sehr gut ausgebaut. Die gebührenpflichtigen Autobahnen und wichtigsten Nationalstraßen sind ausgezeichnet.

## Mietwagen

Die Halbinsel kann man dank des gut ausgebauten Straßennetzes gut mit einem Mietwagen erkunden. Nationale und internationale Mietwagenfirmen wie Avis (www.avis.com.my), Hertz (www.hertz.com) und Hawk (www.hawkrentacar.com.my) haben in größeren Städten und an Flughäfen Büros. Bei längerer Mietdauer werden Rabatte gewährt. Ein Kleinwagen für zwei Wochen ohne Kilometerbegrenzung ist auf der Halbinsel für etwa 600 € zu haben. Es genügt die Vorlage des nationalen Führerscheins. Der Abschluss einer Unfall- und Haftpflichtversicherung ist ratsam. Navigationsgeräte und Kindersitze werden von einigen Gesellschaften gegen Aufpreis angeboten.

Es herrscht Linksverkehr. Die Höchstgeschwindigkeit in Ortschaften beträgt 50 km/h, auf Landstraßen 90 km/h und auf der Autobahn 110 km/h. Es besteht Anschnallpflicht und für Motorradfahrer Helmpflicht. Tankstellen sind weit verbreitet. Der Benzinpreis liegt unter dem europäischen Niveau.

## Fernbusse

Zwischen allen Städten der Halbinsel verkehren Expressbusse verschiedener Gesellschaften, von denen Transnational (www.transnasional.com.my) die größte ist. In Ost-Malaysia werden regelmäßig alle Städte entlang dem Trans-Sarawak-Highway zwischen Kuching und Miri von Expressbussen bedient. Einige fahren weiter nach Bandar Seri Begawan (Brunei) und Kota Kinabalu (Sabah). In Sabah verkehren Expressbusse von Kota Kinabalu über Sandakan nach Tawau. VIP-Busse verfügen über einen größeren Sitzabstand, sind daher teurer, aber bequemer. Regionallinien fahren von den

Städten aus Orte im Umland an. Fahrscheine werden an den Schaltern der Busbahnhöfe, bei Regionalbussen vom Fahrer verkauft. Auf größeren Distanzen verkehren auch Nacht- und Minibusse.

## Überlandtaxis

Überlandtaxis *(kereta sewa)* für bis zu vier Passagiere verkehren auch zu weiter entfernten Zielen auf der Halbinsel und in Sabah. Sie stehen an Terminals oft in der Nähe der Busbahnhöfe und sind meist schneller als Busse. Wenig befahrene Langstrecken und Touren am Nachmittag oder Abend können teurer werden, wenn der Fahrer am Zielort übernachten muss.

## Eisenbahn

Auf dem Schienennetz der Malaysischen Eisenbahn (www.ktmb.com.my) sind nicht so viele Züge unterwegs, dass sich ein KTMB-Railpass lohnen würde. Expresszüge fahren täglich von Singapur nach Kuala Lumpur und an die Ostküste nach Wakaf Bharu bei Kota Bharu, ferner von Kuala Lumpur nach Butterworth (Fahrpläne: www.ktmb.com.my).

Nach Thailand gibt es Expressverbindungen von K.L. nach Hat Yai und von Butterworth bis Bangkok. In Sabah fährt ein Triebwagen zwischen Beaufort und Tenom.

## Flugzeug

Dank guter Straßenverhältnisse wurde das Flugnetz auf der Halbinsel stark reduziert. Hingegen verfügen die ost-malaysischen Bundesstaaten Sabah und Sarawak über ein dichtes Netz, das von Malaysia Airlines (www.malaysiaairlines.com) und MasWings (www.maswings.com.my) bedient wird. Zudem verkehren die Billigfluggesellschaften Air Asia (www.airasia.com) und Firefly (www.fireflyz.com.my). Zu einigen Urlaubsinseln verkehrt Berjaya Air (www.berjaya-air.com).

# Sport & Aktivitäten

In Malaysia laden Korallenriffe zum Tauchen und Schnorcheln ein und der tropische Berg- und Tieflandwald zum Trekking › S. 107. An der Ostküste gehören **Drachensteigen** *(wau)* und **Riesenkreisel-Spiele** zur lebendigen Alltagskultur › S. 98. Bei der malaiischen Selbstverteidigungsart **Silat** versuchen sich die Gegner durch Handkantenschläge oder Fußtritte zu Fall zu bringen.

### Bergsteigen

Im wahrsten Sinne des Wortes der Höhepunkt einer Malaysiareise ist die Besteigung des **Gunung Kinabalu,** des mit 4095 m höchsten Berges Südostasiens › S. 130. Auch wer über wenig bergsteigerische Erfahrung verfügt, kann es mit guter Kondition schaffen. Für kombiniertes Bergsteigen/Dschungeltrekking bieten sich **Gunung Tahan** (2187 m) im **Taman Negara** › S. 107 und die Pinnacles im **Gunung-Mulu-Nationalpark** in Sarawak › S. 126 an.

### Golf

Bereits die Briten legten die ersten Greens im Land an. Heute ist Golf bei Malaysiern und Urlaubern ein beliebter Freizeitsport. Mehrere Dutzend Golfplätze stehen zur Verfügung, in den Ferienregionen sind die meisten Golfanlagen öffentlich. Schläger können ausgeliehen werden, Anfänger- sowie Fortgeschrittenenkurse liegen deutlich unter dem europäischen Preisniveau. Zu den bekanntesten Golfanlagen zählen die Höhenresorts der **Cameron Highlands** › S. 85, **Genting Highlands** › S. 53 und **Fraser's Hill** zwischen Kuala Lumpur und Raub. Auch **Langkawi** verfügt über schön gelegene Plätze › S. 78.

### Kunsthandwerkskurse

Für Interessierte werden in Urlaubszentren Kurse in Batikmalerei oder im Drachenbau angeboten. Wer möchte, kann auch für einige Tage im Rahmen von **Homestay-Programmen** › S. 21 bei Handwerkerfamilien wohnen und neben der Herstellung von Kunsthandwerksprodukten auch sehr viel vom Alltagsleben der Dorfbewohner kennen lernen. Nähere Informationen erteilen die Touristeninformationen u. a. in **Kota Bharu** › S. 98.

### Tauchen

Die tropischen Korallenriffe locken immer mehr Taucher an. Kein Wunder, denn kein anderes marines Ökosystem bietet eine vergleichbare Fülle an Lebewesen auf engstem Raum. Wer Riesenmuscheln, Feuerkorallen, Seeanemonen, Schmetterlings-, Clown-, Papageienfische, Schildkröten und andere Meeresbewohner beobachten möchte, der sollte sich den Gruppen einer der zahlreichen Tauchschulen anschließen. In wenigen Tagen werden Anfänger mit den theoretischen und technischen Kenntnissen des Tauchens vertraut gemacht (meist auf Englisch). Erfahrene Taucher können Tauchgänge zu den Riffen,

---

#### Bunte Unterwasserwelt

- An der Ostküste locken die Inseln **Perhentian** › S. 100 und **Tioman** › S. 61 sowie andere kleinere Inseln wie **Redang, Rawa** und **Tengah** Taucher wie Schnorchler.
- An der Westküste sind die Riffe vor **Payar**, die zum **Langkawi-Archipel** gehören, noch die besten Tauch- und Schnorchelgründe. › S. 84
- Sogar in Sarawak liegen vor **Miri** Korallenriffe, die von Tauchbooten angefahren werden. › S. 125
- Vor den Toren von Kota Kinabalu können Sie vor den Inseln des **Tunku-Abdul-Rahman-Parks** tauchen und schnorcheln. › S. 130
- Die kleine Insel **Sipadan** sowie einige andere Inseln vor Semporna in Sabah gehören zu den besten Tauchgebieten der Welt. › S. 136

Malaysias faszinierende Unterwasserwelt

Ausflüge zu Wracks und Nachttauchgänge buchen. Die Ausrüstung der meisten Schulen entspricht internationalem Standard. Ein drei- bis viertägiger Anfängerkurs mit Gruppenunterricht, mehreren Tauchgängen und dem international anerkannten PADI-Zertifikat kostet je nach Saison 220 bis 320 €. Tagestouren mit zwei Tauchgängen inklusive Ausrüstung sind schon ab 50 € zu haben. Die besten Monate zum Tauchen sind April bis September.

# Unterkunft

Luxuriöse Hotelpaläste, stilvolle Resorts, romantische Strandhütten sowie rustikale Schlafplätze in Nationalparks – jeder Besucher wird in Malaysia eine passende Unterkunft finden.

Prinzipiell liegen die Übernachtungspreise weit unter dem europäischen Niveau. So bekommen Sie schon für weniger als 50 € ein Doppelzimmer mit allen Annehmlichkeiten, wie Bad, Klimaanlage, Wasserkocher, Internetzugang und Satelliten-TV – nach oben sind selbstverständlich kaum Grenzen gesetzt. Der Standard in neueren Hotels ist in der Regel auf internationalem Niveau. Manch ein älteres Hotel führt allerdings den raschen Verfall im tropischen Klima anschaulich vor Augen.

Einzelzimmerpreise liegen nur selten unter denen von Doppelzimmern. Die Hotelpreise beziehen sich auf das Zimmer, in der Regel ein Doppelzimmer, also für zwei Personen. Viele Hotels gewähren auf Nachfrage einen Preisnachlass. Auch über das Internet und deutsche Reiseveranstalter lassen sich viele Zimmer im 4- bis 5-Sterne-Bereich günstiger als vor Ort buchen. Wer ein bestimmtes Haus im Auge hat, sollte vor allem während der einheimischen Ferien und Feiertage sowie in der Hochsaison frühzeitig reservieren. Aber auch außerhalb dieser Zeit kann es sein, dass kleinere Hotels komplett mit Konferenzteilnehmern oder Hochzeitsgesellschaften belegt sind.

In nahezu allen Unterkünften wird ein Frühstück zubereitet, das nur manchmal im Preis inbegriffen ist. Es beschränkt sich in einfachen Unterkünften auf Toast und Tee, während in großen Hotels Frühstücksbuffets aufgebaut werden, die den Bedürfnissen der multikulturellen Klientel Rechnung tragen. Das Essen in Hotels ist immer den muslimischen Essensvorschriften entsprechend *halal*. Zudem wird in einigen Anlagen kein Alkohol ausgeschenkt.

Wer mit kleiner Reisekasse unterwegs ist, findet in Städten und an den Stränden zahlreiche preisgünstige Gästehäuser und Bungalowresorts. Viele junge Touristen bevorzugen deren lockere Atmosphäre und verzichten dafür gerne auf ein eigenes Badezimmer und anderen Komfort. Aber Achtung, in vielen Betten der einfachen Unterkünfte haben sich Bettwanzen eingenistet. Wer sie entdeckt, sollte dies sofort an der Rezeption melden.

Homestays (www.go2homestay.com) bieten die Möglichkeit, bei Familien zu wohnen und sich ganz auf die einheimische Kultur einzulassen. Im Gegenzug muss man bereit sein, Abstriche an Komfort und Privatsphäre zu machen. Die regionalen Fremdenverkehrsbüros vermitteln entsprechende Quartiere.

### Stilvoll wohnen  Erst-klassig

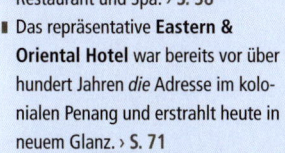

- In Melaka verbindet das Boutique-Hotel **The Majestic Malacca** im Nonya-Stil historisches Erbe mit modernen Ansprüchen selbst im Restaurant und Spa. › S. 58
- Das repräsentative **Eastern & Oriental Hotel** war bereits vor über hundert Jahren *die* Adresse im kolonialen Penang und erstrahlt heute in neuem Glanz. › S. 71
- Im **Cheong Fatt Tze Mansion**, einem chinesischen Herrenhaus auf Penang, sind alle 16 Zimmer mit Antiquitäten eingerichtet. › S. 71
- Die elegante, diskrete Atmosphäre des **Four Seasons Resorts** an einem abgeschirmten weißen Sandstrand im Norden von Langkawi wissen selbst VIPs zu schätzen. › S. 79
- Im **Cameron Highlands Resort** überblickt man von den Zimmern im britischen Kolonialstil den traditionellen Golfplatz. › S. 87
- Das exklusive **Pangkor Laut Resort** auf einer eigenen Insel ist ideal für Ruhesuchende. › S. 89
- An der Ostküste besticht das **Tanjong Jara Resort** durch seine geräumigen Bungalows in einer weitläufigen, gepflegten Parkanlage am Meer. › S. 103
- In den gepflegten Resorts **Shangri-La's Tanjung Aru** und **Rasa Ria** vor den Toren von Kota Kinabalu wird Wassersport und Erholung großgeschrieben. › S. 129
- Die **Borneo Rainforest Lodge** überrascht mitten im tropischen Regenwald mit geschmackvoll gestalteten Holzhäusern. › S. 136

# LAND & LEUTE

Traditionelles Langhaus der Iban in Sarawak

# STECKBRIEF

- **Fläche:** 329 760 km², davon West-Malaysia 131 600 km², Ost-Malaysia 198 160 km²
- **Einwohner:** 29,3 Mio.; jährliches Bevölkerungswachstum: 1,7 %
- **Nationalsprache:** Bahasa Malaysia; Englisch ist Handelssprache
- **Staatsreligion:** Islam, aber Religionsfreiheit für alle Bürger
- **Höchster Berg:** Gunung Kinabalu (4095 m)
- **Größte Städte:** Kuala Lumpur (1,6 Mio. Einw.), Großraum Kuala Lumpur (7,5 Mio. Einw.), Johor Bahru (960 000), Ipoh (705 000), Kuching (682 000)
- **Landesvorwahl:** 0060
- **Währung:** Ringgit (RM)
- **Zeitzone:** MEZ + 7 Std. (MESZ + 6 Std.)

## Lage und Landschaft

Das Staatsgebiet besteht aus zwei Landesteilen, die durch das Südchinesische Meer über 500 km voneinander getrennt sind: die Halbinsel West-Malaysia, offiziell *Peninsular Malaysia*, und Ost-Malaysia mit den Bundesstaaten Sarawak und Sabah auf der Insel Borneo. Die Küsten West-Malaysias säumen Sumpfgebiete und Mangrovenwälder. Die sich anschließende Ebene mit fruchtbaren Schwemmböden nur wenige Meter über dem Meeresspiegel wird intensiv landwirtschaftlich genutzt. Die Mitte der Malaiischen Halbinsel wird von Nord nach Süd von mehreren parallelen Gebirgszügen durchzogen.

Die Landschaften Sabahs und Sarawaks sind im Vergleich zu West-Malaysia weniger kleinräumig gegliedert. Im Inneren Borneos sind die großen Urwaldflüsse wichtige Transportwege. Zunehmend wichtiger werden aber inzwischen die ausgebauten, ehemaligen Holzfällerstraßen. Im Norden erhebt sich das mächtige Granitmassiv des Gunung Kinabalu, mit 4095 m Malaysias höchster Berg.

## Politik und Verwaltung

Malaysia ist eine Wahlmonarchie auf parlamentarisch-demokratischer Grundlage. Das Land gliedert sich in 13 Bundesstaaten, darunter neun Sultanate. Staats-berhaupt ist der *Yang di-Pertuan Agong*, der König, der alle fünf Jahre von den Sultanen aus den eigenen Reihen gewählt wird. Allerdings besitzt er keine politische Macht. Amtierender König ist der Sultan von Kedah.

Die Verfassung garantiert Grundrechte wie Religionsfreiheit, Gleichheit vor dem Gesetz und Versammlungsfreiheit. Aufgrund des *Internal Security Act* können Bürgerrechte von der Polizei im Einzelfall jedoch eingeschränkt werden.

Malaysia hat ein Mehrparteiensystem. Die Barisan Nasional (Nationale Front), ein Koalitionsbündnis der UMNO (United Malay National Organization) mit kleineren Parteien, stellt seit Jahrzehnten die Regierung. Bis zu seinem Rücktritt 2003 prägte über 22 Jahre lang Dr. Mahatir Mohammad die Geschicke des Landes. Sein Nachfolger Abdullah Achmad Badawi versprach frischen Wind durch eine Anti-Korruptionspolitik und errang bei Neuwahlen 2004 eine Zweidrittel-Mehrheit. Viele Versprechen wurden jedoch nicht umgesetzt, was vor allem bei der städtischen Bevölkerung Unmut hervorrief. Bei den Wahlen im April 2008 verlor die UMNO nicht nur ihre absolute Mehrheit, sondern auch vier Staaten an die Opposition, ein Zweckbündnis aus islamischer PAS, chinesischer DAP und der Gerechtigkeitspartei PKR des charismatischen Anwar Ibrahim.

## Wirtschaft

Malaysia ist einer der weltgrößten Exporteure für Rohkautschuk und der weltgrößte Produzent und Exporteur von Palmöl. Seit die Erlöse aus dem Holzeinschlag zurückgehen setzt man zunehmend auf die Ölpalme und rodet für gigantische Plantagen viele der verbliebenen Sekundärwälder. Die meisten Dschungelgebiete sind bereits durch Abholzung zerstört. Der Anbau von Kulturpflanzen wie Kakao, Früchte und Pfeffer wird staatlich gefördert, um die Abhängigkeit von Monokulturen zu verringern. Die traditionelle Landwirtschaft spielt nur noch eine untergeordnete Rolle, nur 10 % des Bruttoinlandsproduktes (BIP) werden noch vom Agragsektor erwirtschaftet.

Die Bedeutung des Industriesektors wächst schnell und trägt mit über 48 % zum BIP bei. Das starke Bevölkerungswachstum und die einhergehende Industrialisierung hat innerhalb weniger Jahrzehnte das Klang Valley mit der Hauptstadt Kuala Lumpur zu einer der modernsten Regionen Asiens werden lassen, die einem Schwellenland der Tigerstaaten alle Ehre macht. Wichtigstes Unternehmen und größter Steuerzahler ist Petronas, die staatliche Erdölgesellschaft, die die Erdgas- und Erölvorkommen Malaysias fördert und verarbeitet.

Palmölplantage nahe Johor Bharu

# Geschichte im Überblick

**Ab 200** Chinesische und indische Königreiche errichten Stützpunkte an der Küste. Das hindu-malaiische Reich von Langkasuka beherrscht den Norden der Halbinsel.

**Ab 700** Die Halbinsel gerät unter den Einfluss des hinduistischen Srivijaya-Reiches.

**Um 1300** Indische und arabische Kaufleute und bringen den Islam nach Südostasien.

**1398** Gründung von Malakka.

**1511** Portugiesen erobern Malakka, das ein wichtiger Stützpunkt ihres Kolonialreiches in Asien wird.

**1641** Holländer besetzen Malakka für fast 200 Jahre.

**1786** Francis Light erwirbt Penang für die East India Company. Damit beginnt die englische Kolonialzeit.

**1824** Die Holländer tauschen mit den Engländern Malakka gegen Bencoolen, ein Gebiet auf Sumatra.

**1841** James Brooke landet auf Sarawak und wird vom Sultan von Brunei zum Dank für seine Hilfe bei der Niederschlagung von Aufständen zum Raja erhoben.

**1857** Chinesische Zinnschürfer gründen ein Bergbaucamp an einer schlammigen Flussmündung, die dem Ort den Namen gibt: Kuala Lumpur.

**1867** Die britischen Militärstützpunkte Singapur, Malakka und Penang werden Kronkolonie und zu den Straits Settlements zusammengefasst, zu denen 1907 Labuan hinzugefügt wird.

**1888** England erwirbt Besitzungen auf Borneo (British North Borneo). Sarawak befindet sich im Privatbesitz der englischen Handelsfamilie Brooke.

**1896** Perak, Selangor, Negri Sembilan und Pahang schließen sich unter englischer Oberhoheit zum Malaiischen Staatenbund zusammen.

**Um 1900** Tausende indischer Arbeiter werden als Tagelöhner für die Plantagenbewirtschaftung und den Eisenbahnbau ins Land geholt.

**1941** Am 8. Dezember beginnt der Vorstoß der japanischen Truppen auf Fahrrädern von Kota Bharu aus. Bereits nach einem Monat gerät der gesamte Norden der Halbinsel unter japanische Besatzung.

**1942–1945** Japanische Besatzung.

**1948–1960** Ausnahmezustand zur Bekämpfung der kommunistischen Guerillaverbände, die mit Terroranschlägen die Wirtschaft lahm legen, um die Briten in die Knie zu zwingen.

**1957** Die Sultanate der Halbinsel werden als Malaya von Großbritannien unabhängig.

**1961** Borneo wird zwischen Indonesien, Brunei, Sarawak und British North Borneo (heute: Sabah) aufgeteilt. In der Folge kommt es zwischen Malaya und Indonesien zu kriegerischen Auseinandersetzungen *(Konfrontasi)*.

**1963** Malaya, Singapur, Nordborneo (heute Sabah) und Sarawak schließen sich zum Bundesstaat Malaysia zusammen.

**1965** Nach starken ideologischen Auseinandersetzungen verlässt Singapur den Bundesstaat und gründet eine Stadtrepublik.
**1969** Blutige Unruhen zwischen Malaien und Chinesen stürzen das Land in eine schwere Krise.
**1970** Die *New Economic Policy* soll die malaiische Bevölkerung stärker an der Wirtschaftsentwicklung beteiligen.
**1981** Dr. Mahatir Mohammad wird Premierminister. Er sieht den Ausbau der Industrie vor: Im Jahr 2020 soll Malaysia eine Industrienation sein.
**1984** Das britische Protektorat Brunei erlangt die Unabhängigkeit, tritt aber nicht der Föderation Malaysia bei.
**1997/98** Die asiatische Wirtschaftskrise trifft das Land schwer. Zusätzlich belasten Waldbrände auf Sumatra und Borneo die Umwelt.
**2002** Dr. Mahatir tritt zurück und bestimmt Abdullah Achmad Badawi zu seinem Nachfolger.
**2004** Nach dem Tsunami am 26. Dezember beklagt Malaysia 50 Tote.
**2008** Bei Neuwahlen verliert die regierende UMNO ihre Zweidrittel-Mehrheit im Parlament und vier Staaten an die Opposition.
**2009** Najib Tun Razak löst den seit 2003 regierenden Abdullah Ahmad Badawi als 6. Premierminister des Landes ab.
**2011** Sultan Halim Mu'adzam Shah wird zum neuen König Malaysias gekrönt.
**2013** Bei den Parlamentswahlen im Juni siegte trotz Wechselstimmung im Land das seit 1957 regierende Bündnis Barisan Nasional (BN). Die Opposition ging aber weiter gestärkt aus den Wahlen hervor.

### SEITENBLICK

#### Die Sultane

Ihr Wort war Gesetz und ihre Autorität unantastbar: Die Sultane waren die absoluten Herrscher über ihr Volk. Selbst die englische Kolonialmacht achtete den regionalen Einfluss der Herrscher, verlangte aber Zusammenarbeit. Noch heute wird am Hof eine andere Sprache mit vielen dem Sanskrit entstammenden Worten verwendet.

Obwohl aus ihren Reihen alle fünf Jahre ein neuer König gewählt wird, haben die Sultane ansonsten nur noch repräsentative Funktionen. Als Oberhäupter der muslimischen Gemeinschaft blieb ihnen aber die Autorität in Glaubensfragen.

Retten konnten sie auch ihren exklusiven Lebensstil: Ihre modernen Paläste sind mit allen Annehmlichkeiten ausgestattet. Die kunsthandwerklich meisterhaften alten Residenzen sind zum Teil für Besucher zugänglich.

Skandale haben den guten Ruf der Sultane beschädigt. Vor allem die Herrscherfamilie von Johor machte ihren Einfluss geltend, sodass einige kriminelle Handlungen ungesühnt blieben, was für Empörung sorgte. Heute unterstehen die Sultane ohne Sonderrechte den Gesetzen des Staates.

# Natur & Umwelt

Flora und Fauna Südostasiens weisen die höchste Artenvielfalt der Erde auf. Seit etwa 150 Mio. Jahren ungestört von globalen Klimaschwankungen und Eiszeiten konnten sich immer neue Tier- und Pflanzenarten entwickeln. Botaniker haben allein in Malaysia über 8000 verschiedene Blütenpflanzen gezählt, darunter über 2000 Baumarten!

## Flora

Die natürliche Vegetationsform des Landes ist der **tropische Regenwald**. Das Blätterdach der Baumriesen in 40 bis 50 m Höhe schützt die darunter liegenden Pflanzen vor zu starker Sonneneinstrahlung, Austrocknung und heftigen Regenfällen. Auf kleineren Bäumen wachsen Epiphyten, darunter zahlreiche Orchideen. In Bodennähe gedeihen im Dämmerlicht Sträucher, Kräuter und Pilze. Die Artenvielfalt täuscht darüber hinweg, dass die Humusschicht des Regenwaldes dünn und der Boden eher nährstoffarm ist. Kommt es zur Abholzung, wird das Erdreich durch Regenfälle schnell weggespült; was übrig bleibt, ist nur noch eine artenarme Buschvegetation.

In Höhen über 1000 m geht der Regenwald in den tropischen **Bergwald** und ab 1700 m in den **Nebelwald** über. Hier kommen neben Eichen- und Kastanienarten auch Nadelhölzer vor. Typische Pflanzen der Bergwälder sind Riesenfarne, Moose, Rhododendren und Kannenpflanzen.

**Mangrovenwälder** haben sich dem Leben in der Übergangszone zwischen Land und Meer perfekt angepasst: Ihre Stelzwurzeln finden im schlammigen Untergrund ausreichend Halt, um nicht von der Meeresströmung weg-

> **SEITENBLICK**
>
> **Vom Rohkautschuk zum Latex**
>
> Die Erfolgsstory des Kautschuks in Malaysia liest sich fast wie ein Krimi. Trotz eines strikten Exportverbots der brasilianischen Regierung – das Land hatte das Anbaumonopol – gelang im 19. Jh. der Schmuggel von Samen des Gummibaums *(Hevea brasiliensis)* aus dem Amazonasgebiet nach Südostasien. Der Bedarf in der Autoreifenindustrie machte den Rohstoff bald weltweit heiß begehrt. Britische Farmer pflanzten die ersten Kautschukbäume im damaligen Malaya und verdrängten rasch die brasilianischen Anbieter vom Weltmarkt. Das Land stieg zum größten Produzenten von Rohkautschuk auf. Die Rinde des Baums wird frühmorgens mit einem scharfen Messer angeritzt, und der herausfließende milchige Latex, etwa ¼ l in rund drei Tagen, in einer Schale aufgefangen. Mittels chemischer Zusätze wird der Saft eingedickt, gepresst und getrocknet. Noch immer stammt ein Viertel der Weltproduktion an Rohkautschuk aus Malaysia, überwiegend von kleinen Familienbetrieben.

gespült zu werden. Sie schützen die Küstenzonen vor der Erosion durch die Meeresbrandung. Die Wälder sind Lebensraum zahlreicher Tiere wie Vögel, Schlammspringer, Krebse und Reptilien.

## Fauna

Die Tierwelt Malaysias weist eine fantastische Vielfalt auf. So wurden bisher etwa 313 Säugetier- und 781 Vogelarten gezählt. 140 verschiedene Spezies Schlangen kommen vor – aber nur fünf können dem Menschen gefährlich werden, darunter Königskobra und Schwarze Kobra. Die kleineren Suppenschildkröten, Echten und Unechten Karettschildkröten sowie die olivfarbene Bastardschildkröten können zu bestimmten Jahreszeiten an einigen Stränden bei der Eiablage beobachtet werden.

Die meisten Tiere des Regenwaldes leben in schwer zugänglichen Regionen. Viele sind durch die Erschließung immer größerer Waldgebiete in ihrer Existenz bedroht. Dazu zählen die prächtigen Nashornvögel, Gibbons und Orang-Utans. Die Zahl der Tiger, Leoparden, Tapire und Elefanten ging in den letzten hundert Jahren rapide zurück. Die malaysische Regierung hat strikte Schutzmaßnahmen zur Rettung der Großsäugetiere ergriffen.

**Um streunende Hunde und Katzen kümmern sich malaysische Organisationen. Wenn Sie helfen möchten: www.paws.org.my, www.spca.org.my**

## Umweltsituation

Um 1900 waren fast die gesamte Malaiische Halbinsel und Borneo von tropischem Regenwald bedeckt. Mittlerweile dürften es noch knapp 12 % des Landes sein. Das Ausmaß der Abholzung (› **S. 124**) nutzbarer Baumarten ist ökologisch bedenklich, die Folgewirkung auf das Weltklima katastrophal. In weiten Teilen des Landes prägen endlos erscheinende Palmölplantagen das Landschaftsbild. Um diese Monokulturen vor dem Befall durch Schädlinge und Krankheiten zu bewahren, werden Unmengen von Pflanzenschutzmitteln eingesetzt, die durch das Grundwasser in die Nahrungskette gelangen.

# Die Menschen

Das rapide Bevölkerungswachstum und die ungebremste Bautätigkeit während des Wirtschaftsbooms ließen die Städte des Landes mehr und mehr ausufern. Die Umweltbelastung durch Müll, Verkehrs- und Industrieabgase hat in den Ballungszentren bereits ein alarmierendes Ausmaß erreicht. Ein Bewusstsein in der Bevölkerung für die Umweltschäden ist jedoch bisher kaum vorhanden, vielmehr nimmt man diese eher achselzuckend in Kauf als Preis für den rasanten wirtschaftlichen Aufschwung des Landes.

Angehörige von drei großen asiatischen Kulturkreisen bilden ein buntes Völkergemisch, das dem Land seinen multikulturellen Charakter verleiht: Etwa 53,3 % der Staatsbürger Malaysias sind malaiischer, 26 % chinesischer und 7,7 % indischer Abstammung, indigene Völker 11,8 %, Sonstige 1,2 %. Für alle Malaysier sind Gastfreundschaft und Familiensinn selbstverständlich, ebenso Gelassenheit und Geduld, mit denen sie den Alltag zu meistern verstehen.

## Malaien

Zur privilegierten malaiischen Mehrheit, die unter der Bezeichnung **Bumiputeras** (»Söhne der Erde«) zusammengefasst wird, zählt man offiziell auch die indigenen Volksgruppen wie die **Orang Asli,** die Ureinwohner der Malaiischen Halbinsel, und die **Dayak** sowie andere Völker Borneos dazu. Die Mehrzahl bekennt sich zum Islam und spricht **Bahasa Malaysia**, die offizielle Staatssprache, die auch alle Kinder in der Schule lernen. Wichtiges Element malaiischer Alltagskultur war und ist das Gemeinschaftsleben im *kampung,* dem traditionellen Dorf. Die Gebote des Korans bestimmen noch weitgehend den Alltag, auch wenn in Industriezentren und Großstädten zunehmend westliche Verhaltensweisen übernommen werden.

## Inder

Viele Malaysier indischer Abstammung haben ihre Wurzeln im südindischen Tamil Nadu. Die englischen Kolonialherren holten von dort im 19. Jh. Tausende als Plantagenarbeiter ins Land. Fast alle bekennen sich zum Hinduismus mit seiner Vielzahl an Göttern, von denen Brahma, Shiva und Vishnu die bedeutendsten sind. Das Kastenwesen, wie es in Indien praktiziert wird, spielt innerhalb der indischen Gemeinschaft Malaysias allerdings kaum noch eine Rolle.

Eine zweite Gruppe von Indern aus dem nördlichen Punjab sind die Sikhs, die einer eigenen Religionsgemeinschaft angehören und durch ihre Turbane auffallen.

## Chinesen

Die ersten Vorfahren der chinesischen Volksgruppe kamen bereits im 15. Jh. nach Melaka und später auch in die Straits Settlements. Viele heirateten einheimische Frauen. Ihre Nachfahren, die Peranakan-Chinesen, haben eine eigene Kultur entwickelt. Die größte Einwanderungswelle kam im 19. Jh. aus den von Hungersnöten geplagten Südprovinzen Chinas Fujian, Guangdong oder Hainan ins Land. Der überwiegende Teil der Chinesen fühlt sich den Lebensphilosophien des Konfuzianismus und Daoismus, aber auch dem Buddhismus verbunden. Oftmals werden in ein und demselben Tempel Statuen verschiedener Glaubensrichtungen verehrt. Einen hohen Stellenwert hat die Verehrung der Ahnen.

Orang Asli sind die Ureinwohner West-Malaysias

In den Großstädten entlang der Westküste stellen die Chinesen die Bevölkerungsmehrheit. Ihr Fleiß und ihr ausgeprägter Geschäftssinn führten dazu, dass sie weite Teile der Wirtschaft dominieren. Die Chinatowns mit den typischen zweigeschossigen *shop houses* (Laden im Erdgeschoss, Wohnung und Lager im 1. Stock) waren die traditionellen Wirtschaftszentren der Städte. Handel und Industrie werden noch immer überwiegend von Chinesen beherrscht. Die wirtschaftliche Dominanz der Chinesen, an der auch staatliche Wirtschaftsförderprogramme für Bumiputeras nichts ändern konnten, führte zu einem Spannungsverhältnis zwischen den Bevölkerungsgruppen. Die Regierung steht immer wieder vor dem Problem, den latenten Konflikt zwischen den ethnischen Gruppen zu entschärfen und muss zudem in den eigenen Reihen fundamentalistische Strömungen auffangen.

## Bevölkerungsgruppen in Ost-Malaysia

Chinesen, Malaien und Inder haben sich zwar auch auf Borneo angesiedelt, aber die ursprünglichen Bewohner stellen noch immer die Mehrheit. Die größte der Volksgruppen Sarawaks sind mit etwa 50 % der 2,4 Mio. Einwohner die **Dayak**. Diese lassen sich in viele Untergruppen unterteilen, darunter die Völker der Iban, Melanau, Bidayuh, Orang Ulu und Penan. Die 3 Mio. Einwohner Sabahs gliedern sich in 72 Volksgruppen mit jeweils eigener Kultur und Sprache. Die größte Gruppe bilden die **Kadazan-Dusun** (18 %), die vor allem im Westen Sabahs leben. Weitere größere Volksstämme sind die **Murut**, **Suluk** und **Bajau**. Viele Angehörige der Völker Borneos folgen Naturreligionen, andere Gruppen sind zum islamischen oder christlichen Glauben übergetreten.

# Kunst, Kultur & Kunsthandwerk

Entsprechend der vielfältigen Herkunft der Menschen haben sich völlig unterschiedliche Kunstrichtungen parallel zueinander entwickelt und in der Peranakan-Kultur sowie in der modernen Fusion-Kultur sogar teilweise durchdrungen.

## Architektur

Typisch für die Dörfer der Malaien ist das traditionelle **Holzhaus auf Stelzen.** Von einer überdachten Terrasse aus gelangt man in den schattigen Hauptraum. Durch die unverglasten Fenster weht immer eine angenehm kühle Brise. Im hinteren Teil liegen die Schlafräume und Küche. Das Bad, *mandi* genannt, mit Wasserbecken und Schöpfkelle, liegt außerhalb des Hauses.

Die ältesten **Moscheen** zeigen Einflüsse aus Sumatra und China. Zu Beginn des 20. Jhs. wurden maurische Stilrichtungen übernommen, goldfarbene Zwiebelkuppeln und zierliche Dachtürmchen. Die jüngste Entwicklung spiegeln die Monumentalmoscheen wider. Dominierten zunächst westliche Architekturformen, legt man heute auf arabische Stilelemente Wert. Selbst bei modernen **Profanbauten** finden sich seit den 1980er-Jahren mehr und mehr arabisch-islamische Bauformen, wie Spitzbogenfenster oder filigrane Fassadenornamente.

**Chinesische Tempel** haben mehrere Hallen und Innenhöfe. Den Eingangsbereich bewacht ein steinernes Löwenpaar. Die Drachenfiguren auf dem Dach sollen böse Geister abwehren. Im zentralen Altarraum befinden sich neben dem Hauptschrein für den Schutzgott des Tempels weitere Nebenschreine für Götterstatuen, Opfergefäße, Altarvasen sowie Tempeltrommel und -glocke.

Die meisten **indischen Tempel** sind relativ jung. Typisch ist der üppig verzierte farbenprächtige Turm über dem Eingangstor, auf dem die hinduistische Götterwelt thront. Den Tempelmittelpunkt bildet eine Götterstatue im Allerheiligsten, zu dem nur die Priester Zutritt haben.

## Musik und Tanz

Gemeinsamkeiten der malaiischen Musik mit dem indonesischen Gamelan und den Volksweisen in Thailand und Kambodscha sind unverkennbar. Die wichtigsten Instrumente des traditionellen Orchesters sind die *gendang*-Trommel, der Gong *(tawak-tawak)* und der *rebab,* eine dreisaitige Stehgeige. Dazu gesellen sich Schalmeien, weitere Trommeln, kleinere Gongs und Becken. Die stark rhythmusbetonte Musik dient in erster Linie der Begleitung von Tänzen, bei denen den grazilen Bewegungen der Arme und Hände eine hohe Bedeutung zukommt.

Einer der beliebtesten Tänze Malaysias ist der *ronggeng* mit seinen portugiesischen Elementen; Jungen und Mädchen stehen sich in Reihen gegenüber, zitieren zunächst Gedichte und beginnen dann den Tanz.

Arabischen Ursprungs ist der *hadzah,* ein langsamer Tanz, der nur von Männern ausgeführt wird.

Über vielfältige tänzerische Ausdrucksformen verfügen die verschiedenen Volksgruppen in Sarawak und Sabah. In ihren Stammestänzen leben die kriegerischen Traditionen fort. In manchen Tänzen ahmen die Tänzer die Flügelschläge der mächtigen Nashornvögel nach.

Kunstvolle Seidenmalerei

## Kunsthandwerk

Die Herstellung von **Batik**-Stoffen kam um 1900 aus Indonesien nach Malaysia. Vor allem in Penang und Terengganu kann man in einigen wenigen Batikfabriken zusehen, wie die Stoffe mit Wachsstempeln bearbeitet und dann in die Färbewannen getaucht werden. Seiden- und Kunststoffe bemalt man per Hand in den leuchtendsten Farben. Die **Songket-Weberei** ist ein vom Aussterben bedrohtes Textilhandwerk. In die Stoffbahnen sind feine Gold- und Silberfäden eingewoben, was dem Material den Glanz gibt. Besonders schöne Songket-Stoffe finden als Hochzeits-Sarongs Verwendung.

Die prächtigsten Beispiele malaysischer **Holzschnitzereien** sind die feingliedrigen Verzierungen in den alten Sultanspalästen. Da der Koran der Darstellung von Tieren und Menschen kritisch gegenübersteht, haben sich die Handwerker vor allem auf Pflanzenornamente spezialisiert. Ganz andere Wurzeln hat die Schnitzkunst in Sarawak und Sabah. Hier dominiert die Darstellung von Tieren und Dämonen.

Die **Schmiedekunst** ist eine alte Handwerkskunst. Besondere Bedeutung kommt neben Silberarbeiten dabei dem *kris* zu, einem Zeremonialdolch, der in der Familie weitervererbt wurde. Heute dient er vielfach nur noch als Zierde.

Nur noch wenige Handwerker fertigen aus Büffelleder die bunt bemalten **Schattenspielfiguren** an, die beim traditionellen *wayang kulit* verwendet werden, das vor allem in der Gegend von Kota Bharu lebendig gehalten wird.

# Feste & Veranstaltungen

Das Fremdenverkehrsamt informiert auf seiner Website www.tourism.gov.my über die aktuellen Termine der Veranstaltungen. Während sich die staatlichen Feiertage nach dem gregorianischen Kalender richten, liegt den meisten religiösen Festen der Mondkalender zugrunde.

## Festekalender

**Jan./Feb.:** Vor dem **Chinesischen Neujahrsfest** werden die Wohnung auf Hochglanz gebracht und Kuchen gebacken, um den Göttern zu gefallen. Am letzten Tag des Jahres trifft sich die Familie zu einem großen Festessen. Kinder erhalten Geldgeschenke. Am Neujahrstag ziehen unter dem ohrenbetäubenden Lärm von Böllern Tänzer in Löwenkostümen durch die Straßen und verjagen das Übel.

Der höchste hinduistische Feiertag **Thaipusam**, das Fest der Buße und Danksagung, ist Subramaniam, einem Sohn Shivas, gewidmet. Die berühmteste der Prozessionen im ganzen Land führt von Kuala Lumpur zu den Batu-Höhlen › S. 53.

Zum Geburtstag des Propheten **Maulidin Nabi** veranstalten die Muslime nach dem Gebet in der Moschee prächtige Prozessionen.

**Mai:** In Sabah findet das große Erntedankfest der Kadazan, **Kamatan,** statt. Neben Tänzen und Märkten bildet die Wahl der Reiskönigin den Höhepunkt der Feierlichkeiten.

**Juni:** Das **Drachenbootfest** ehrt den berühmten Dichter Chu Yuan, der im 3. Jh. v. Chr. in China lebte und sich lieber ertränkte als korrupt zu werden. Lange Boote, deren Bug ein Drachenkopf ziert, liefern sich ein Wettrennen. In Sarawak wird **Gawai Dayak**, das traditionelle Erntedankfest, gefeiert. Festlich gekleidete Volksgruppen tanzen zu Trommeln und Gongs.

**Aug./Sept.:** Das wichtigste Fest des islamischen Kalenders ist **Hari Raya Puasa**. Am Ende des Fastenmonats Ramadan, dem 9. Monat im Mondjahr, wird drei Tage lang ausgiebig gefeiert. Die Familie geht in

### SEITENBLICK

**Thaipusam – Nichts für schwache Nerven**
In ekstatischen Ritualen bohren sich Männer und Frauen silberne Spieße durch Zungen und Wangen – aber nur selten fließt dabei Blut.
Am spektakulärsten büßen die *kavadi*-Träger. Junge Männer befestigen *kavadis,* bis zu 18 kg schwere, mit Blumen und Früchten geschmückte Tragegestelle, mit metallenen Widerhaken an Rücken und Brust. Im Zustand der vollkommenen Trance erleiden sie dabei keinerlei Schmerzen.

Beseelt von dem Wunsch, Subramaniam den Kavadi als Opfergabe zu überbringen, ziehen sie zu den Tempeln, am Rand der körperlichen Erschöpfung, aber von einem unendlichen Glücksgefühl erfasst.

die Moschee, die Kinder erhalten Geschenke und neue Kleider. Freunde, Verwandte und Nachbarn werden zum Festmahl eingeladen.
Zum Ende der Erntezeit am 19. Sept. feiert die chinesische Bevölkerung das Laternen- bzw. Mondkuchenfest, die Jalan Petaling in K.L. und viele Shopping Malls werden farbenfroh mit Tausenden Laternen festlich beleuchtet.

**Okt./ Nov.:** Zum indischen Lichterfest **Deepavali,** gleichzeitig Neujahrsfest der Inder, schmücken Hindus Häuser und Wohnungen mit Lichtergirlanden zum Zeichen, dass das Gute über das Böse siegt. In Lichterprozessionen werden die Götterstatuen um die Tempel getragen.

Spektakuläres Thaipusam-Fest

# Essen & Trinken

Malaysia ist ein wahres Paradies für Schlemmer. Überall locken malaiische, chinesische und indische Restaurants. Sollte einmal keine Speisekarte vorhanden sein, so informiert ein Blick in die Küche oder auf den Nachbartisch. Preiswerte einheimische Gerichte gibt es an zahllosen **Hawker Stalls,** kleinen Essensständen. In der Regel können Sie das Essen dort bedenkenlos genießen › S. 38. Wer gerne etwas exklusiver speist: Jedes internationale 5-Sterne-Hotel wartet mit mindestens einem chinesischen, japanischen oder italienischen Restaurant auf. Die Gerichte bewegen sich zwar deutlich am oberen Ende der Preisskala, am Herd stehen dafür aber oft Meisterköche.

Eine gute Gelegenheit, in großen Hotels nicht nur malaiische, chinesische und indische, sondern auch europäische und japanische Gerichte zu genießen, bieten mittags und abends Büfetts zum Festpreis.

Zum Frühstück hingegen sieht das Büfett meist mager aus, denn es gilt die Essgewohnheiten unterschiedlicher Nationalitäten zu befriedigen. Da aber eine Reissuppe, gebratene Nudeln oder ein Curry nicht unbedingt der europäischen Vorstellung eines Frühstücks entspricht, bleibt dem Gast aus dem Westen nur der Toast mit Ei und Geflügelwürstchen, denn Schweinefleisch gibt es mit Rücksicht auf die muslimische Bevölkerung in keinem Hotel-Restaurant.

Während des Fastenmonats Ramadan sind (nur) die muslimischen Restaurants tagsüber geschlossen. Dafür wird nach Sonnenuntergang um so üppiger aufgetischt, und auch auf Nachtmärkten fleißig gebrutzelt.

## Exotische Früchte

Mango, Papaya, Ananas und **Carambola** *(Starfruit)* sind auch in Europa bekannt und beliebt. Aber was sind Rambutan, Mangosteen oder Durian? **Rambutan** ist eine pflaumengroße rötliche Frucht mit dicken »Haaren«. Unter der Schale verbirgt sich das süße weiße Fruchtfleisch. Die **Mangosteen** hat die Größe eines kleinen Apfels und eine dicke violette Schale (Achtung, sie färbt ab) um die süß säuerlich schmeckenden weißen Fruchtschnitze. Die melonengroße grüne Stachelfrucht **Durian** stinkt penetrant – probieren Sie dennoch einmal das cremige Fruchtfleisch (aber niemals zusammen mit Alkohol!). Wegen des nachhaltigen Duftes ist die Stachelfrucht übrigens in Hotels, Flugzeugen und Bussen verboten.

### Ethnische Vielfalt und Fusion Cuisine

- Ein traditionelles Nyonya-Restaurant im Stil der 1930er-Jahre ist das **Old China Cafe** in K.L. › S. 52
- Das **Gourmet Emporium** auf Level 1 im Einkaufszentrum Pavilion in Kuala Lumpur präsentiert eine moderne Form von Hakwer Stalls auf gehobenem Niveau. › S. 51
- Im **Amy Heritage Nyonya Cuisine** in Melaka kann man auch die Nonya-Küche der Peranakan-Chinesen ausprobieren. › S. 58
- Stilvoll eingerichtet präsentiert das **Bon Ton** in einer Gartenanlage auf Langkawi westliche und Nonya-Gerichte. › S. 80
- Das **the.Dyak** in Kuching hat sich darauf spezialisiert, typische Gerichte der Iban in modernisierter Form anzubieten. › S. 121
- Im **Top Spot Food Court** in Kuching genießt man chinesisches Seafood. › S. 122

## Getränke

Die beliebtesten Getränke der Malaysier sind Tee und Kaffee. Wenn Sie *teh* oder *kopi* bestellen, erhalten Sie beides immer gesüßt und mit Kondensmilch. Mit Zucker, aber ohne Milch heißt es *teh* bzw. *kopi oh manis*, ohne alles *teh* oder *kopi oh*. Ein Genuss sind frisch gepresste Säfte. Trinkwasser wird überall verkauft. An Stränden und Straßenständen werden junge Kokosnüsse angeboten, deren Saft erfrischt. Mit einem Löffel kann man hinterher das weiße Fruchtfleisch aus der Schale löffeln.

Bier ist das beliebteste alkoholische Getränk. Die bekanntesten Biermarken – alle in Lizenz gebraut –, sind Heineken, Tiger und Carlsberg. Wein und Spirituosen gibt es in guten Restaurants und Hotels sowie in einigen großen Supermärkten. In muslimischen Gebieten sind Getränke mit Alkohol nur in wenigen chinesischen Restaurants zu bekommen.

Malayische Küche ‹ **SPECIAL** ‹ LAND & LEUTE

## SPECIAL
# Die Top Hits der malaysischen Küche

- **Sate:** Marinierte Fleischspieße von Huhn, Lamm oder Rind werden über Holzkohle gegrillt. Dazu gibt es Erdnusssauce, Klebreis und Gurkenscheiben.
- **Steamboat:** Nudeln, Fleisch, Krabben und weitere Zutaten werden in einer Gemüse-Fleisch-Brühe am Tisch gegart und in verschiedene Saucen getunkt. Zum Schluss wird die kräftige Brühe mit einem aufgeschlagenen Ei genossen.
- **Nasi Lemak:** In Kokosmilch gekochter Reis wird auf Bananenblättern mit gekochten Eiern, *Ikan bilis* (winzigen frittieren Fischen), Sambal, Salatgurken und Erdnüssen serviert.
- **Curry Mee:** Gelbe Nudeln werden mit Tofu, Sojasprossen und Hühnchenfleisch in einer Currysauce gekocht. Das Geheimnis der chinesischen Sauce liegt in der Kombination von Gelbwurz, Kokosmilch, Ingwer, Knoblauch und Zitronengras.
- **Char Koay Teow:** Bandnudeln werden mit Krabben, Tintenfischen, Tofu oder Fleisch und Sojasprossen kräftig durchgebraten und mit Sojasauce abgelöscht.
- **Tandoori Chicken:** Eine indische Spezialität. In Joghurt und Tandoori-Gewürzen mariniertes Huhn wird im Tonofen gebacken.
- **Pisang Goreng:** Goldgelb in Teig ausgebackene Bananen sind eine beliebte Nachspeise.
- **Ais Kacang:** Geraspelte Eisstückchen, garniert mit bunten Geleewürfeln, roten Bohnen, süßem Mais, Sirup und Kondensmilch – der absolute Favorit einheimischer Kinder!
- **Die Hits der Straßenköche** › S. 38

Bild oben: Sate-Spieße aus der Garküche

## SPECIAL

# Den Straßenköchen in den Wok geschaut

In Malaysia scheint die eine Hälfte der Bevölkerung damit beschäftigt zu sein, für die andere Hälfte zu kochen. Überall wird in Woks, Töpfen, Bambuskörben, Kesseln und Tonöfen am Straßenrand gekocht, gedämpft, gegrillt und gebrutzelt. Manches wird bereits vorgekocht, das meiste aber erst nach der Bestellung in den mobilen Küchen zubereitet. Den Transport übernehmen Karren, die manchmal an Motorräder angebaut sind, denn mobil müssen sie sein. Die meisten Stände werden nur für einige Stunden bewirtschaftet, meist am Abend, aber auch frühmorgens.

So bereiten beispielsweise die Kantonesen die **Wantan Mie** (Nudelsuppe mit gefüllten Teigtaschen) zu. Hainanesen kochen den besten **Chicken Rice** (in Hühnerbrühe gekochter Reis mit Fleisch, Gurke und Ingwersauce). Muslimische Inder backen knuspriges **Roti Canai** (Fladenbrot mit Currysauce als Beilage); und es braucht schon einen Malaien, um die würzigen **Sate** › S. 37 zu grillen.

## Hawker Food – lauter Köstlichkeiten

Jeder Essensstand hat seine Spezialität und Stammkundschaft, und das Rezept für so manches Gericht wird von Generation zu Generation weitervererbt.

In Malaysia werden die besten Essensstände wie Geheimtipps gehandelt, und manch einer fährt für eine leckere Nudelsuppe kilometerweit. Die Vielfalt des Angebots er-

Bild oben: Exotische Genüsse auf dem Nachtmarkt

möglicht Besuchern, oft nur wenige Meter voneinander entfernt auf kulinarische Entdeckungsreise zu gehen.

Die besten Hawker-Gerichte:

- **Hokkien Mie:** Nudelsuppe mit Sprossen, Fleischstückchen u. a. in einer klaren Brühe
- **Lok Lok:** Auf Holzstäbchen gespießte Zutaten werden in einer Brühe gegart
- **Laksa:** Dicke, meist etwas säuerliche Nudelsuppe auf Fischbasis mit zahlreichen Zutaten und in vielen Varianten, sehr lecker in Penang, Kuching und Melaka
- **Mie Goreng:** Gebratene gelbe Nudeln, malaiisch (chinesisch als **Char Koay Teow** mit flachen Nudeln
- **Murtabak:** Mit Gemüse, Fleisch oder Ei gefülltes und gebackenes Fladenbrot
- **Nasi Kandar:** Reis mit Currys, Gemüse, Fleisch und anderen Zutaten
- **Rojak:** Gurke, Ananas, grüne Mango, Tintenfisch u. a. in einer dunklen Erdnusssauce

## Hawker neben Hawker

Groß ist das Angebot auf Nachtmärkten und in Hawker Centres, wo zahlreiche Köche miteinander konkurrieren. Auch in einfachen, offenen Coffeeshops untervermieten die Besitzer Plätze an verschiedene Hawker mit ihren Spezialitäten und konzentrieren sich auf den Verkauf von Getränken.

Ein ganzes Stockwerk für Hungrige gibt es als Food Court in vielen Einkaufszentren – nehmen Sie an irgendeinem der Tische Platz und ordern an den Ständen nach Lust und Laune. Was von welchem Koch kam, lässt sich am Geschirr leicht feststellen, sodass auch das Bezahlen kein Problem ist. Für die Getränke gibt es natürlich ebenfalls eigene Stände.

- **Kuala Lumpur:** In der Chinatown und Jl. Alor (parallel zur Jl. Bukit Bintang), im Pavilion Level 1, im Suria-KLCC im 4. Stock und in Bangsar nahe der Moschee.
- **Melaka:** An der Jl. Bendahara, der Jl. Kwee Ann und im Newton Food Centre.
- **Penang:** In der Lebuh Carnavon, Lebu Cintra, Lebuh Kimberley und am Gurney Drive.
- **Ipoh:** Das Ipoh Food Centre in der Jl. Clarke und das Kong Hing Food Centre in der Jl. Leech.
- **Kota Bharu:** Auf dem zentralen Nachtmarkt (malaiisch) und in der Jalan Datuk Tahwil Azar (chinesisch).
- **Kuching:** Im Jun Jugah Shopping Centre und vor dem Tempel in der Carpenter Street. Sehr gut für Seafood der Top Spot Food Court auf dem Dach des Parkhauses in der Jalan Mata Bukit Kuching.
- **Kota Kinabalu:** Im 6. Stock des Wisma Merdeka, im Untergeschoss des Karamunsing Kompleks, und auf dem Pasar Malam.

### Tipp

In Penang hat der Stand mit dem besten **Nasi Kandar** vor der Kapitan-Keling-Moschee seit Generationen nur von 2.30 Uhr nachts bis nachmittags geöffnet.

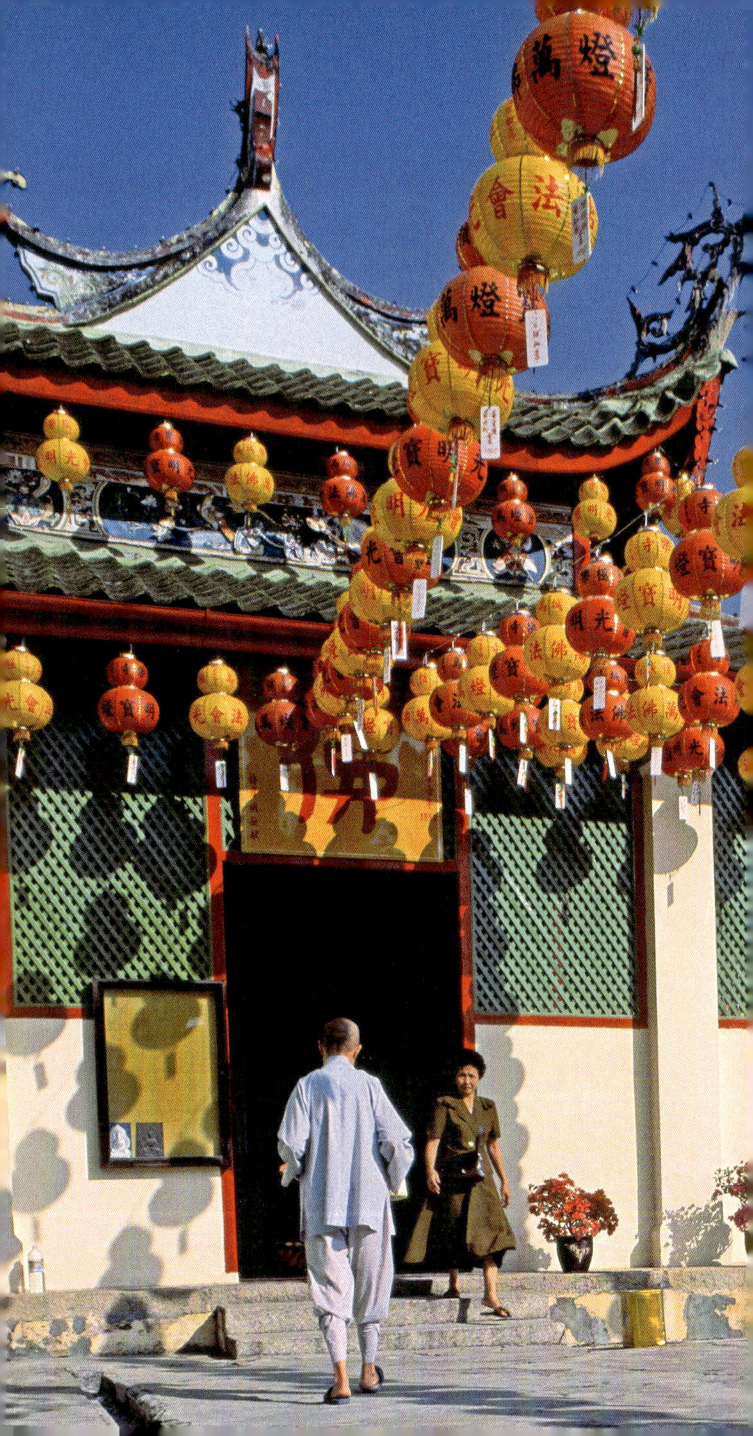

# TOP-TOUREN IN MALAYSIA

Unzählige Lampions erhellen
das chinesische Laternenfest

# Kuala Lumpur und die südliche Halbinsel

## Das Beste!

- **Bei gutem Wetter** vom Menara KL Tower die Aussicht über die Metropole genießen › S. 46
- **Über den Nachtmarkt** in der Chinatown bummeln › S. 47
- **Zu Fuß oder in einer Rikscha** durch Melaka auf den Spuren der Vergangenheit wandeln › S. 54, 58
- **Auf Tioman** an einem Lieblingsstrand die Zeit vergessen › S. 61

Kuala Lumpur und die südliche Halbinsel ‹ TOP-TOUREN

Modern und multikulturell präsentiert sich **Kuala Lumpur**, das Eingangstor nach Malaysia, geschichtsträchtig die liebevoll herausgeputzte Innenstadt von Melaka, und an der Ostküste verlocken die Sandstrände der Tropeninsel Tioman zum Nichtstun.

Der Reiz der malaysischen Hauptstadt **Kuala Lumpur** 1, kurz K.L. genannt, liegt in ihren Kontrasten: Hier gehen die weltoffene Metropole und asiatische Traditionen eine eigenwillige Verbindung ein. Moscheen im maurischen Stil spiegeln sich in den Fassaden futuristischer Wolkenkratzer. Die Nachtmärkte in Chinatown berauschen die Sinne. Tempel, die vom Duft der Räucherkerzen erfüllt sind, und ausgedehnte Parks bilden Oasen der Ruhe und Besinnung. Zwischen den blitzenden Fassaden mondäner Einkaufspaläste, himmelstrebender Bürotürme und prachtvoller Luxushotels entdeckt man Gesichter von Menschen der unterschiedlichsten Religionen, Kulturen und Völker.

Der supermoderne **Kuala Lumpur International Airport** (KLIA), 75 km südlich der Stadt, ist ein Luftdrehkreuz für Südostasien. Von dort gelangen Sie in kurzer Zeit mit der Schnellbahn oder auf der Autobahn ins Zentrum nördlich des modernen riesigen Bahnhofs. Es wird von Schnellstraßen umgrenzt und von Hochbahnen erschlossen. Das **koloniale Verwaltungsviertel** erstreckt sich westlich des Zusammenflusses, der Kuala Lumpur seinen Namen gab. Bis hinüber zum Merdeka Square mit dem Selangor Club konzentrieren sich die Zeugen der britischen Kolonialherrschaft. Weiter im Norden im Einkaufsviertel rings um die **Jalan Tuanku Abdul Rahman** dominiert malaiischer Einfluss. Östlich des Flusses in der alten **Chinatown** erzählen die dicht aneinander gedrängten chinesischen Geschäftshäuser (*shop houses*) eine andere Geschichte. Schon lange sind die großen Geschäfte ins **Golden Triangle** umgezogen. Das vornehme Hotel- und Geschäftsviertel um die Jl. Bukit Bintang und Jl. Sultan Ismail, laut Feng Shui auf dem geomantischen »Kopf des Drachen« gelegen, verspricht viel Wohlstand. Nördlich davon ragen der **KL Tower** und die **Petronas Twin Towers** mit 452 m in den Himmel.

Die auf dem Reißbrett geplante Verwaltungshauptstadt **Putrajaya** südlich der Hauptstadt repräsentiert das neue Malaysia. Ganz anders ist **Melaka**, 150 km südlich von K.L., mit seinen historischen Gebäuden und Museen. Dort kann man tief in die Geschichte abtauchen. Wenn Sie baden und sich an einem palmengesäumten Tropenstrand erholen wollen, empfiehlt es sich hinüber zur Ostküste zu fahren, wo vor Mersing die **Insel Tioman** mit wunderbaren Sandstränden vor einer Dschungelkulisse aufwartet.

Das hypermoderne Kuala Lumpur City Centre (KLCC), zu dem auch die Twin Towers gehören

# Touren in der Region

## Tour 5: Rundgang durch Kuala Lumpur

### Tour-Übersicht:

**Verlauf: *KL Tower › *Masjid Jamek › Merdeka Square › Sultan-Abdul-Samad-Gebäude › *Sri-Mahamariamman-Tempel › *See-Yeoh-Tempel › Central Market › **Islamic Arts Museum (*Birdpark) › *Masjid Negara › **Petronas Twin Towers › *Nachtmarkt › Bukit Bintang**

**Dauer:** 1 Tag

**Praktische Hinweise:**
- Für die längeren Strecken morgens und während der heißen Mittagszeit können Sie überall ein Taxi anhalten. Achten Sie darauf, dass das Taxameter eingeschaltet wird. Da gerade vor den Twin Towers Taxifahrer überhöhte Forderungen stellen, empfiehlt es sich, von dort mit der LRT bis Pasar Seni, ins Herz der Chinatown, zu fahren.
- Die Chinatown lässt sich dann gut zu Fuß erkunden.

### Tour-Start:

An einem klaren Morgen gilt es keine Zeit zu verlieren und mit dem Taxi bereits gegen 7.30 Uhr zum *KL Tower › S. 46 zu fahren, um die Aussicht zu genießen. Naturliebhaber können anschließend durch den bewaldeten Bukit Nana Forest Reserve spazieren.

Danach geht es per Taxi zum Ursprungsort der Stadt, zur *Masjid Jamek › S. 47. Etwas weiter nördlich am Westufer des Kelang-Flusses locken kleine Restaurants zu einem zweiten, indischen Frühstück.

Vorbei am Merdeka Square › S. 46 gehen Sie nun unter den Schatten spendenden Arkaden des repräsentativen Sultan-Abdul-Samad-Gebäudes › S. 47 und auf dem Riverside Walk zum indischen *Sri-Mahamariamman-Tempel › S. 47. Von hier ist es nicht weit zum chinesischen *See-Yeoh-Tempel › S. 47 und dem Central Market › S. 47, wo Sie in der zweistöckigen Halle und in der Annexe Gallery schon mal nach Souvenirs stöbern können.

Nach einer verdienten Mittagspause in einem der Cafés im Central Market oder neben der Annexe Gallery fahren Sie mit dem Taxi zum **Islamic Arts Museum › S. 48 oder mit Kindern zum *Bird Park › S. 49.

Auf dem Rückweg können Sie ab 15 Uhr einen Blick in die *Masjid Negara › S. 48 werfen und sich schließlich in den **Petronas Twin Towers › S. 45 ins Einkaufsvergnügen stürzen oder das Aquarium besuchen. Bei einem Bummel über den *Nachtmarkt › S. 47 in der Chinatown sollte man sich höchstens zu einem Snack verführen lassen, denn später in der Jalan Bukit Bintang › S. 52 gibt es eine große Auswahl an Restaurants und Essensständen sowie Pubs und Clubs für den späten Abend.

## Highlights im Süden
**Tour 6**

### Tour-Übersicht:

**Verlauf: Kuala Lumpur › *Putrajaya › **Melaka › Mersing › **Tioman**

**Länge/Dauer:** 450 km, 6 Tage
**Praktische Hinweise:**
- Viele Busse verkehren in 2 Std. zwischen Kuala Lumpur und Melaka. Von Melaka nach Mersing fahren nur 3 Busse täglich in 5 Std. Mit dem Überlandtaxi sind Sie auf dieser Strecke flexibler und evtl. 1 Std. schneller. Die genauen Abfahrtszeiten der ca. 5 Fähren nach Tioman (2 Std.) richten sich nach Bedarf und Gezeiten.

### Tour-Start:

Von der Hauptstadt geht es nach zwei Tagen auf der Autobahn Richtung Süden. Wer mit dem Mietwagen oder Überlandtaxi unterwegs ist, kann in *Putrajaya › S. 54 einen Zwischenstopp einlegen. Zu dieser neuen, auf dem Reißbrett geplanten Verwaltungsstadt gibt es kaum einen größeren Kontrast als die nächste Station **Melaka › S. 54. Nach einer Erkundungstour per Rikscha und dem Besuch einiger Museen starten Sie nach zwei ereignisreichen Tagen früh am Morgen hinüber in den Fischerort **Mersing › S. 60.

Die Zeit vor der Abfahrt der Fähre können Sie zu einem Einkauf nutzen, denn auf der Urlaubsinsel **Tioman › S. 61 ist das Angebot begrenzter und teurer.

# Unterwegs in Kuala Lumpur

## **Petronas Twin Towers ⓐ

Wahrzeichen des modernen Staates ist das **Kuala Lumpur City Centre** (KLCC) aus den 1990er-Jahren, ein 20 ha großer Komplex rings um eine große Parkanlage, zu dem auch die 452 m hohen Twin Towers gehören. Die futuristisch anmutenden, silbernen Zwillingstürme beherbergen in ihren unteren Etagen einen riesigen Einkaufskomplex, Kinos, Restaurants, das **Aquaria KLCC,** ein Aquarium mit Besuchertunnel (tgl. 10.30–20 Uhr, 50 RM, Kinder 40 RM, www.aquariaklcc.com) sowie das **Petrosains Discovery Center**, ein Science Museum (Di–Fr 9.30–17.30, Sa/So bis 18.30 Uhr, 25 RM, Kinder 20 RM, www.petrosains.com.my).

Besucher fahren mit dem Ticket vom Infoschalter unten mit dem Expressaufzug zur Skybridge in der 41. Etage (170 m), die die beiden Türme miteinander verbindet, und dann mit einem anderen Aufzug zum Observation Desk in die 86. Etage (Di–So Fr 9–13, 14.30 bis 21 Uhr). Tickets (80 RM) sind limi-

# TOP-TOUREN › Kuala Lumpur › ❺, Petronas Twin Towers, Das hist. Viertel

tiert und oft ausverkauft, auch wegen langer Wartezeiten empfiehlt es sich schon vor 7.30 Uhr zu kommen (Schalteröffnung 8.30 Uhr, www.petronastwintowers.com.my).

**Erstklassig** Noch atemberaubender ist die Aussicht auf die Stadt von der Aussichtsplattform (276 m) des *KL Tower ❽, dem mit 421 m einer der höchsten Fernsehtürme der Welt (Menara KL, tgl. 9.30–21.30 Uhr, ab 47 RM je nach Package, Kinder 27 RM, www.menarakl.com.my). Weitere Attraktionen wie eine geführte Tour durch ein Stück ursprünglichen Regenwald, ein Flugsimulator oder Ponyreiten können gegen Aufpreis mitgebucht werden.

## Das historische Viertel

1957 wurde auf der großen Rasenfläche des Merdeka Square die Unabhängigkeit Malaysias ausgerufen.

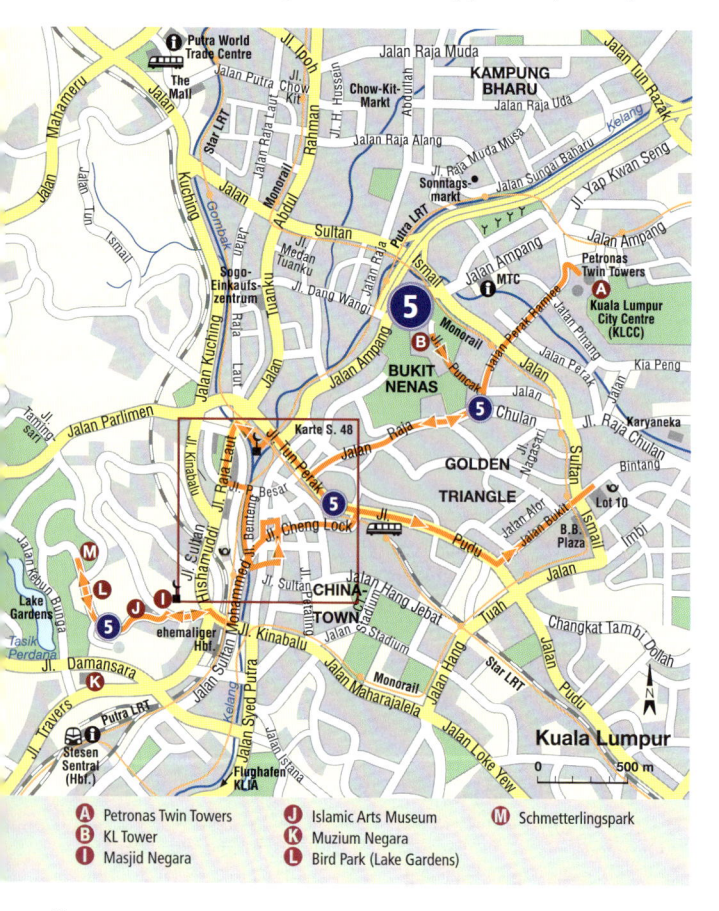

- ❹ Petronas Twin Towers
- ❽ KL Tower
- ❿ Masjid Negara
- ❿ Islamic Arts Museum
- ❿ Muzium Negara
- ❿ Bird Park (Lake Gardens)
- ❿ Schmetterlingspark

Der 100 m hohe **Fahnenmast** ist angeblich der höchste der Erde. Der einst exklusive **Selangor Club** C, 1890 im englischen Tudorstil erbaut, hat an gesellschaftlicher Bedeutung verloren.

Das **\*Sultan-Abdul-Samad-Gebäude** D ist zweifellos einer der schönsten Bauten in K. L. Zwischen 1894 und 1897 im maurischen Stil erbaut und von einem 40 m hohen Glockenturm bekrönt, residiert hier der Oberste Gerichtshof und ein Standesamt.

Inmitten der betriebsamen City wirkt die **\*Masjid Jamek Moschee** E mit ihren Türmchen und Kuppeln fast wie eine Fata Morgana. Nach nordindischen Vorbildern 1909 errichtet, war sie die erste Nationalmoschee im Land (tgl. 8–12.30, 14.30–16 Uhr; der Gebetsraum ist nur für Muslime zugänglich).

## Chinatown

Von der Jalan Tun Perak führt die Jalan Benteng direkt am Kelang entlang zum **Central Market** F. In der zweigeschossigen Markthalle, 1936 im Art-déco-Stil entstanden, kann man Kunsthandwerk, Batikstoffe, Antiquitäten und Souvenirs kaufen (tgl. 10–22 Uhr). Im hinteren Bereich und im 1. Stock locken Essensstände sowie Cafés und in der angrenzenden Annexe Gallery können Sie in Kunstgalerien stöbern. Östlich der Markthalle beginnt Chinatown. Hier stehen noch viele der typischen *shop houses,* die anderswo modernen Geschäfts- und Bankgebäuden weichen mussten.

Das Sultan-Abdul-Samad-Gebäude

Auf keinen Fall versäumen sollten Sie den **Nachtmarkt** in der überdachten **Jalan Petaling**. Hier wird bereits vor Sonnenuntergang kräftig gehandelt. Verkauft werden u. a. Kleidung, Schuhe und Accessoires, darunter auch gefälschte Markenwaren, deren Einfuhr nach Europa beim Zoll viel Ärger bereiten kann.

Versteckt zwischen Straßenständen in der Jl. Hang Kasturi führt gegenüber vom Central Market eine Gasse zum **\*See-Yeoh-Tempel** G. Der älteste chinesische Tempel der Stadt wurde nach einem Brand 1881 wieder aufgebaut und beherbergt wertvolle Malereien, Holzschnitzarbeiten und Kunstgegenstände. Im hinteren Altarraum befindet sich ein Bild von Yap Ah Loy, dem legendären Stadtgründer und Tempelstifter »Capitan China«.

In der Jalan Bandar ragt der **\*Sri-Mahamariamman-Tempel** H empor.

TOP-TOUREN › Kuala Lumpur › ❺, Südliche City

› Karte S. 46, 48

In bunten Farben reitet, tanzt, musiziert und meditiert die hinduistische Götterwelt erhaben über dem Tempelportal. Geweiht wurde er der Regengöttin Mariamman bereits 1873, doch erst 100 Jahre später erhielt er sein heutiges Aussehen. Tag für Tag bringen gläubige Hindus den Göttern Blumenkränze und andere Opfergaben dar. Hier nimmt das **Thaipusam-Fest** alljährlich seinen Anfang, bevor es in den Batu-Höhlen › S. 53 seinen ekstatischen Höhepunkt erlebt.

## Südliche City

Die *****Masjid Negara** ❶, Nationalmoschee mit einem 75 m hohen Minarett, vereint in ihrer Architektur islamische und regionale Symbolik. So entspricht die Anzahl der Kuppeln derjenigen der Großen Moschee in Mekka. Das sternförmige Faltdach repräsentiert den königlichen Sonnenschirm, die 18 Zacken des Daches die 13 Bundesstaaten und die fünf Säulen des Islam. In der Haupthalle finden 3000 Gläubige Platz (für Nicht-Muslime Sa–Do 9–12, 15–16 und 17.30–18.30 Uhr). Passende Kleidung (Arme und Beine müssen bedeckt sein) gibt es am Eingang.

Das ****Islamic Arts Museum** ❶ vermittelt mit seinen gut präsentierten Exponaten aus dem gesamten islamischen Kulturkreis einen Überblick über Kunst und Kultur des Islam. Neben einer beachtlichen Sammlung historischer Schriften und Bilder enthält das moderne Kunstmuseum wertvolle Textilien, Keramiken und Messingarbeiten

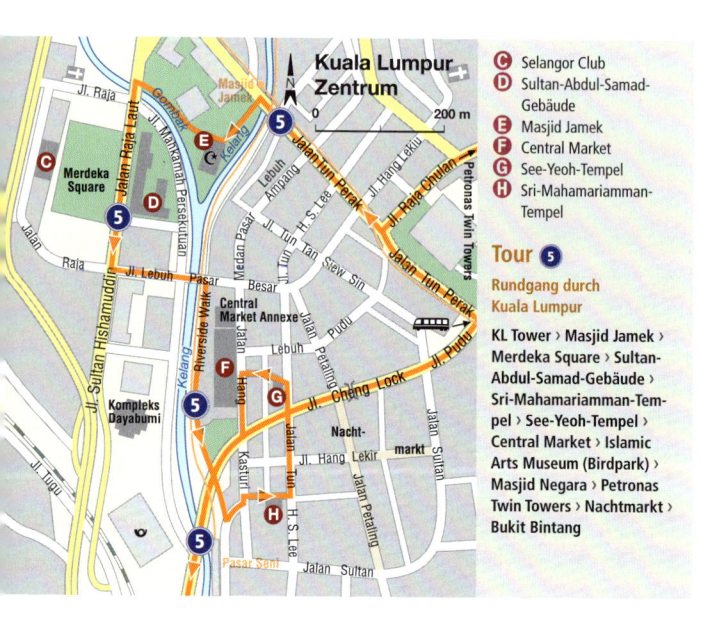

**Kuala Lumpur Zentrum**

- ❸ Selangor Club
- ❹ Sultan-Abdul-Samad-Gebäude
- ❺ Masjid Jamek
- ❻ Central Market
- ❼ See-Yeoh-Tempel
- ❽ Sri-Mahamariamman-Tempel

### Tour ❺

**Rundgang durch Kuala Lumpur**

KL Tower › Masjid Jamek › Merdeka Square › Sultan-Abdul-Samad-Gebäude › Sri-Mahamariamman-Tempel › See-Yeoh-Tempel › Central Market › Islamic Arts Museum (Birdpark) › Masjid Negara › Petronas Twin Towers › Nachtmarkt › Bukit Bintang

(Jl. Lembah Perdana, www.iamm.org.my, tgl. 10–17 Uhr) sowie ein Restaurant mit wunderschönem Speisesaal.

Das **Muzium Negara**🅚, das Nationalmuseum, bietet einen Überblick über die Geschichte Malaysias von den Anfängen und den frühen Reichen bis zur Kolonialzeit und Gegenwart (Jl. Damansara, www.muziumnegara.gov.my, tgl. 9 bis 18 Uhr).

## Lake Gardens

Um den Tasik Perdana, einen künstlichen See, erstreckt sich die größte Grünanlage der Stadt, der Tun Abdul Razak Heritage Park. Ideal zum Ausruhen und Durchatmen in tropischer Vegetation sind der dazugehörende **\*Bird Park** 🅛 mit Nashornvögeln und 200 weiteren tropischen Vogelarten, viele davon in einem großen Freifluggehege (tgl. 9–18 Uhr, 48 RM, www.klbirdpark.com), sowie der Orchideengarten **Taman Orkid** sowie nördlich davon der **Schmetterlingspark** 🅜 (tgl. 9–18 Uhr, 20 RM).

*Sri-Mahamariamman-Tempel*

### Info

**Malaysia Tourism Centre (MaTiC)**
- 109 Jl. Ampang
- Tel. 03/9235 4800
- www.tourism.gov.my
- Tgl. 8–22 Uhr
- Weitere Büros im neuen Hauptbahnhof KL Sentral (tgl. 9–18 Uhr) und in den Flughäfen KLIA und im LCCT.

**Touristenpolizei im MaTiC**
Die englischsprachigen Touristenpolizisten patrouillieren auf den Straßen und sind an den schwarz-weißen Bändern ihrer Mützen zu erkennen.
- 109 Jl. Ampang
- Tel. 03/2163 3657
- Tgl. 9–18 Uhr

**Tourism Info Line**
Beschwerden über Taxifahrer und Anzeige von Diebstählen.
- Tel. 03/1-300-88 5050

### Verkehr

- **Flugzeug:** Ab Kuala Lumpur International Airport (KLIA, www.klia.com.my), 60 km südlich der City, internationale sowie nationale Flüge zu allen größeren Flughäfen in West- und Ost-Malaysia. Vom 20 km vom KLIA entfernten Low Cost Carrier Terminal (LCCT) fliegen Air Asia u. a. Billigairlines zu zahlreichen Zielen im In- und Ausland. Im Sommer 2014 soll das in Bau befindliche nahe Terminal KLIA2 das LCCT ablösen. Die Zubringerzüge KLIA Ekspres (zw. 5–24 Uhr, alle 15–30 Min ohne Zwischenstopp in 28 Min., www.kliaekspres.com) und

KLIA Transit (alle 30–60 Min.) verbinden den Airport mit dem Hauptbahnhof Stesen Sentral, außerdem gibt es Zubringerbusse in die Stadt sowie nach Melaka, Ipoh und weitere Orte im Land. Bis das Terminal KLIA2 in Betrieb geht, erreicht man das LCCT mit dem KLIA Transit plus Bus-Shuttle, außerdem mit Buszubringern von diversen Anbietern vom Hauptbahnhof und von weiteren Orten.

- **Nahverkehr:** Das Kuala Lumpur Transit System, das die Hauptstadt mit ihrer ausgedehnten Peripherie verbindet, besteht aus einem Netz von drei Hochbahnlinien (LRT Kelana Jaya, Ampang und Seri Petaling), einer Monorail, zwei Komuter-Linien (www.ktmkomuter.com.my), z.B. nach Batu Caves, sowie Stadt- und Metrobussen (u.a. RapidKl) unterschiedlicher Anbieter. Wer auf ein anderes Transportsystem umsteigt, muss ein neues Ticket kaufen. Die KLIA-Züge fahren nicht nur zum Airport, sondern auch ins neue Regierungs- und Verwaltungszentrum Putrajaya. Für City-Touren interessant sind die bunten Doppeldeckerbusse KL Hop-on hop-off, die im 30-Minutentakt die meisten Sehenswürdigkeiten anfahren (zw. 9–20 Uhr, 24-Stundenticket 79 RM, www.myhoponhopeoff.com).
- **Bahn:** Der futuristische Hauptbahnhof Stesen Sentral (www.stesensentral.com), rund 1500 m südlich vom alten historischen Bahnhofsgebäude, ist Schlagader des Nah- und Fernverkehrs. Stadtbusse, KTM Komuterzüge ins Umland, die Hochbahn LRT und Monorail fahren über Stesen Sentral. Fernzüge verbinden mehrmals viele Orte auf der Halbinsel u.a. bis nach Singapur im Süden, nach Hat Yai (Thailand) im Norden und Kota Bharu an der Ostküste.
- **Busse:** Fernbusse zahlreicher Anbieter verbinden fast alle Orte auf der Halbinsel, je nach Himmelsrichtung fahren sie jedoch von unterschiedlichen Terminals ab: Vom neuen Terminal Bersepadu Selatan in Bandar Tasik Selatan (www.tbsbts.com.my) u.a. nach Melaka und Johor Bahru; vom Busbahnhof Pudu Sentral (Jl. Pudu) u.a. in die Cameron Highlands, Ipoh und an die Ostküste, letztere wird auch von der kleineren Putra Bus Station bedient.

## Hotels

### Grand Hyatt ●●●
Eröffnet 2012 gegenüber den Petronas Towers, grandioser Blick auf K.L., exquisite Ausstattung, ausgezeichneter Service, Erlebnisküche im 38. Stock.
- 12 Jl. Pinang
- Tel. 03/2182 1234
- kualalumpur.grand.hyatt.com

### Hotel Maya ●●●
Boutiquehotel in der Nachbarschaft des KLCC. 207 moderne kleine Studios und Suiten mit japanischem Touch, Sky Lounge mit toller Aussicht.
- 138 Jl. Ampang
- Tel. 03/2711 8866
- www.hotelmaya.com.my

### Renaissance Kuala Lumpur ●●●
500 gepflegte Luxuszimmer und europäische sowie asiatische Restaurants, einer der besten Pools der Stadt.
- 103 Jl. Ampang
- Tel. 03/2162 2233
- www.marriott.com

### Shangri-La ●●●
662 klassisch elegante Zimmer, stilvolle Lobby und ein bei Gourmets beliebtes Szechuan-Restaurant.
- 11 Jl. Sultan Ismail
- Tel. 03/2032 2388
- www.shangri-la.com

### Aloft Kuala Lumpur Sentral ●●
Das neue Hotel ist nur Minuten vom Hauptbahnhof und fällt durch farbenfreudiges Design, große Zimmer und eine stylische Bar angenehm auf, Pool.
- 5 Jl. Stesen Sentral
- Tel. 3/2723 1188
- www.starwoodhotels.com

### Bintang Warisan ●●
Gediegenes Hotel mitten im Shopping-Bezirk, Lobby mit kolonialem Touch, Coffeehouse mit Straßenterrasse.
- 68 Jl. Bukit Bintang
- Tel. 03/2148 8111
- www.bintangwarisan.com

### Corona Inn ●●
Klimatisierte saubere Zimmer mit Kabel-TV und Wasserkocher.
- 22 Jl. Tong Shin
- Tel. 03/2144 3888
- www.coronainn.com.my

### The 5 Elements Hotel ●●
Das Ergebnis einer gelungenen Renovierung: moderne, helle Zimmer mitten in der Chinatown.
- 243 Jl. Sultan
- Tel. 03/2031 6888
- www.the5elementshotel.com.my

### Chinatown Boutique Hotel ●
Cooles Design asiatisch angehaucht und zeitgemäße Ausstattung.
- 34,36 Jl. Hang Lekir
- Tel. 03/2072 3388
- www.chinatownboutiquehotel.com

## Restaurants

### Feast Village ●●●
Im UG der Starhill Gallery haben Designer das Konzept der offenen Essensmärkte auf edle Restaurants übertragen.
- 181 Jl. Bukit Bintang

### Ploy ●●●
Die moderne Version von japanischer und Thai-Küche wird mit Stil serviert in zeitgemäß stylischem Ambiente.
- G-02 Wisma Antah
- Tel. 03/2095 0999
- www.ploywithyourfood.com

### Annalakshmi ●●
Essen, dass die Seele wärmt: Das vegetarisch indische Buffet ist ausgezeichnet, bezahlt wird per Spende (etwa 30 RM) für soziale Projekte.
- 114-116 Jl. Berhala
- Tel. 03/2272 3799

### Coliseum Cafe ●●
Seit 1921 hat sich außer dem Publikum kaum etwas verändert. Hier trinkt man noch Bier vom Fass am Tresen und labt sich an Sizzling Steaks wie damals.
- 98–100 Jl. Tun Abdul Rahman
- Tel. 03/2692 6270

### Gourmet Imperium ●–●●
Essen nach Herzenslust in gepflegtem Ambiente – alle Arten von asiatischen Gaumengenüssen und internationale Gerichte werden an über 20 Essenstationen delikat zubereitet.
- 168 Jl. Bukit Bintang, im UG des Pavilion Center

**Erst-klassig**

### Old China Cafe •

**Erstklassig** Traditionelles Nonya-Restaurant im Stil der 1930er-Jahre.
- 11 Jl. Balai Polis
- Tel. 03/2072 5915

### Signatures Food Court •

In angenehmer Atmosphäre kann man hier die unterschiedlichsten Küchen, auch kreative East-West-Fusion-Küche genießen.
- Im Suria KLCC-Einkaufszentrum
- Im Basement Level 2 der Petronas Twin Towers

### Essensmärkte

Preiswerte und vielfältige Gaumenkitzel genießt man auf diversen Essensmärkten u.a. in Chinatown, im Umfeld der **Jalan Bukit Bintang** sowie auf der Schlemmermeile **Jalan Alor** (chinesisch). Auch viele weitere Shopping Malls bieten Food Courts mit vielfältigen Essensangeboten an, so z.B. **Lot 10 Hutong** (50 Jl. Sultan Ismail) sowie die **Rasa Food Arena** im 4. Stock des Suria KLCC Shopping Centers.

## Nightlife

Die sich schnell ändernde Szene trumpft immer wieder mit neuen Superlativen auf, ständig entstehen neue Megadiskos, Themenkneipen, schicke Cafés und exotische Bars. Das aktuelle Angebot finden Sie in den Tageszeitungen. Wer sich zur Szene rechnet, zeigt sich in Designerklamotten im Stadtviertel **Bangsar**, westlich der City, oder in **Desa Sri Hartamas**, noch weiter außerhalb.

Im Zentrum konzentrieren sich viele modern gestylte Restaurants, Bars und Lounges in der **Asian Heritage Row** in der Jl. Doraisamy hinter dem Sheraton Hotel Imperial. Als trendy Ausgehviertel hat sich die **Changkat Bukit Bintang** mit ihren Bars und Pubs nördlich der Jl. Bukit Bintang und der benachbarten **Tingkat Tong Shin** entwickelt. Zentrum der Klub- und Diskoszene ist der Bereich um die **Jalan Sultan Ismail**, in der Nähe der internationalen Hotels, die selbst über Nachtbars und Edeldiskos verfügen.

### Hard Rock Café
- Jl. Sultan Ismail, neben Concorde Hotel

### Grand Modesto's

Schicker Club mit Bar, Tanzfläche und einem italienischem Restaurant. Große Terrasse an der Hauptstraße.
- Jl. Ramlee, nahe Lorong Perak

## Shopping

In den letzten Jahren schossen zahlreiche Einkaufszentren aus dem Boden, darunter das schicke **Starhill Gallery** (Jl. Bukit Bintang), das preiswerte **Bukit Bintang Plaza** (Jl. Bukit Bintang), das gigantische **Mid Valley Megamall** (außerhalb des Zentrums Richtung Petaling Jaya), das angesagte **Pavilion** (Jl. Bukit Bintang/ Jl. Raja Chulan), das **Berjaya Times Square** (1 Jl. Imbi) mit Vergnügungspark, und natürlich das riesige **Suria KLCC** in den unteren 6 Etagen der Petronas Twin Towers. Alle sind meist 10–22 Uhr geöffnet.

### Central Market
Gute Adresse für Kunsthandwerk.
- Jl. Hang Kasturi

**Chow Kit Market**
**Malaiischer Lebensmittel- und Textilmarkt.** Besonders gut besucht während des Ramadan, wenn hier Essen zum Brechen des Fastens und Kleidung für das Fest zum Ende des Fastenmonats verkauft werden.
- Jl. Tuanku Abdul Rahman

**Kompleks Budaya Kraf**
Umfassendes Angebot an Kunsthandwerk zu Festpreisen – unbedingt sehenswert. Ein Craft Museum informiert über die unterschiedlichen Kunsttraditionen. Es liegt an der 5. Haltestelle des Hop-on-Hop-off-Busses.
- Jl. Conlay
- Tgl. 9–22 Uhr

## Ausflüge von Kuala Lumpur

### *Batu-Höhlen 2

Am Stadtrand, 12 km nördlich des Zentrums (Anfahrt in 20 Min. mit dem Komuterzug Batu Caves), erhebt sich ein Kalksteinmassiv, das im Innern von Höhlen durchzogen wird. Am Treppenaufgang steht die riesige Statue von Lord Nararaja, einem Sohn Shivas. 272 Stufen führen hinauf zur **Light Cave**. Hier befindet sich das bedeutendste Heiligtum der malaysischen Hindus, der Schrein des Gottes Subramaniam. Die Flora und Fauna der naturbelassenen **Dark Cave** links vom Haupteingang kann im Rahmen einer halbstündigen Führung oder einer zwei- bis dreistündigen abenteuerlichen Tour erkundet werden (Tel. 03/3166 0304, tgl. 9.30–17 Uhr, 35 RM). Bereits seit 1892 pilgern Millionen Hindus zu den Höhlen und feiern das Thaipusam-Fest zu Ehren ihrer Gottheit.

### *FRIM 3

Im **Kepong Forestry Park**, etwa 10 km westlich der Batu-Höhlen und 15 km nördlich vom Zentrum, im Vorort Kepong, bietet das Forst-Forschungszentrum FRIM fantastische Wandermöglichkeiten, u. a. auf einem Canopy Walkway durch die Wipfel des Dschungels (Di–Do, Sa/So 9.30–14.30 Uhr, nicht bei Regen; der restliche Wald tgl. 7–19 Uhr, 10 RM, www.frim.gov.my, Anmeldung empfehlenswert: Tel. 03/6279 7592, Anfahrt per Taxi ab KTM-Station Kepong Sentral).

### Genting Highlands 4

Als einziges Höhenresort des Landes verdankt dieser Ort seine Existenz vor allem der Spielleidenschaft der Chinesen: Eingebettet in die atemberaubende Kulisse der zentralen Bergkette, nur rund 55 km

Der Wächter der Batu-Höhlen:
Lord Nararaja, ein Sohn Shivas

nordöstlich von Kuala Lumpur, thront in den Genting Highlands in über 1800 m Höhe das »malaysische Las Vegas«: ein Spielkasino mit Hotels, Appartements und einem gigantisch großen Vergnügungspark (www.genting.com.my).

Unterhalb des Gipfelbereichs wurde eine chinesische Tempelanlage errichtet.

Ab Pudu Raya Station und Stesen Sentral verkehren ständig Busse und Sammeltaxis (ca. 1 Std.). Seilbahn auf den Gipfel.

# Unterwegs im Süden der Halbinsel

## *Putrajaya 5

Zwischen K.L. und dem Flughafen wurde inmitten gepflegter Parkanlagen und Seen auf fast 5000 ha das neue Verwaltungszentrum des Landes als Modellstadt des 21. Jhs. angelegt. Interessant zu sehen sind die Ministerien im neuen islamischen Stil, futuristische Brücken, die beeindruckende Moschee Masjid Putra sowie die größere und modernere Masjid Tuanku Mizan Zainal Abidin. Zu einem Spaziergang laden die **Putrajaya Wetlands**, ein Naturschutzgebiet, ein (www.ppj.gov.my). Anreise mit den Zügen von KLIA Transit möglich, besser ist ein Mietwagen, da in der Stadt öffentliche Verkehrsmittel rar sind.

## ***Melaka 6

Strategisch günstig entwickelte sich im 15. Jh. an der engsten Stelle der Meerenge zwischen Sumatra und der Malaiischen Halbinsel, 150 km südlich von K.L., das damalige Malakka als bedeutender Handelsplatz. Kaufleute aus Ostasien, Indien und Arabien trieben hier Handel. Auch chinesische Einwanderer fanden den Weg in die Stadt. Ihre Nachkommen, die Peranakan-Chinesen, werden heute als *Baba-Nyonya* bezeichnet. Arabische Händler brachten den Islam. Bald schon ließ sich ein mächtiger Sultan nieder, und um 1500 herrschte das Sultanat von Malakka über große Teile der Halbinsel und Sumatra. 1511 vertrieben die Portugiesen den Sultan und errichteten die Festung A Famosa. Nach längerer Belagerung zogen dann 1641 die Holländer in die Stadt ein. Ihre Kolonialinteressen lagen jedoch weiter im Osten. Malakka verlor an Bedeutung, bis schließlich 1824 die Engländer die Geschicke der Stadt übernahmen. Doch auch die East India Company nutzte den Hafen kaum. Singapur und Penang strebten zu neuen Handelszentren auf, Malakka verlor wieder an Bedeutung. Dadurch bewahrte die Stadt ihren einzigartigen historischen Stadtkern mit seinen markanten Kolonialbauten und den typischen *shop houses*, in denen unten gearbeitet, oben gewohnt wurde. Seit 2008 ist Melakas Altstadt Weltkulturerbe und wieder ins

Rampenlicht gerückt, konnte aber nicht verhindern, dass um die Altstadt herum sterile Neubauten in die Höhe schossen. In das danach aufwändig restaurierte World Heritage zogen schicke Läden, Cafés und Boutiquehotels ein und vertrieben viele tradtionellen Handwerke aus der Altstadt, die sich die gestiegenen Preise nicht mehr leisten konnten.

## Rund um den Roten Platz

Ein Rundgang beginnt gegenüber der Tourist Information am Roten Platz. Hinter dem **Uhrturm** und dem **Queen-Victoria-Brunnen** erhebt sich das *****Stadthuys** Ⓐ. 1645 als Gouverneurshaus erbaut, ist es das älteste erhaltene holländische Steingebäude in Asien. Heute präsentiert hier ein historisches und ethnologisches Museum die bewegte Vergangenheit (Mo–Fr 9–17.30, Sa–So bis 21 Uhr).

Die holländische **Christ Church** Ⓑ wurde 1753 geweiht. Ihre Deckenbalken sind aus je einem einzigen Baumstamm geschnitzt, die Grabplatten tragen englische, holländische und lateinische Inschriften.

Die **Franz-Xavier-Kirche** Ⓒ, ein neugotisches Bauwerk des 19. Jhs., ist nach dem Jesuitenmissionar benannt, der den katholischen Glauben im 16. Jh. nach Malakka brachte.

Vorbei an einem kleinen Friedhof mit holländischen und englischen Gräbern geht es zur *****Istana** Ⓓ, einer Nachbildung des ehemaligen Sultanspalastes; im Innern Ausstellungsstücke zur Ge-

Die holländische Kirche in Melaka

schichte der Malaien, Kunst- und Alltagsgegenstände sowie eine Replik der Audienzhalle des Sultans (tgl. 9–17.30 Uhr).

Im 1912 als Klubhaus errichteten **Proclamation of Independence Memorial** Ⓔ wurde am 31. August 1957 die Unabhängigkeit des Landes ausgerufen. Eine Ausstellung dokumentiert das historische Ereignis (Di–So 9–18 Uhr).

Die *****Porta de Santiago** Ⓕ, das massige Tor von 1512, ist das letzte Zeugnis der mächtigen Portugiesenfestung A Formosa. Die Jahreszahl 1670 im Torbogen erinnert an die Restaurierung durch die Holländer. Das Wappen der Vereenigde Oostindie Companie (VOC) ist noch zu erkennen.

Stufen führen hinauf zum St.-Pauls-Hügel mit der Ruine der **St.-Pauls-Kirche** Ⓖ, einst Teil der portugiesischen Festung. Nachdem die Holländer diese 1593 in Schutt und Asche gelegt hatten, wandelten sie die Kirchenruine in einen Ehrenfriedhof um. Im Kirchenschiff sind zahlreiche Grabsteine mit holländischen Inschriften zu finden. Vor der

Kirche steht die Statue des zeitweilig hier begrabenen Missionars Franz Xavier.

Der Nachbau eines portugiesischen Segelschiffs auf dem Fluss beherbergt das **Maritime Museum** ⒽⒽ mit Exponaten zur Geschichte der Seefahrt. (Mo–Fr 9–17.30, Sa/So 9–21 Uhr.)

Auf den Aussichtsturm **Menara Taming Sari** Ⓘ werden bis zu 66 Besucher in einer Kapsel auf 80 m Höhe hinaufgefahren, um die grandiose Aussicht zu genießen (tgl. 10 bis 22 Uhr, 20 RM). Von Anlegestellen am Fluss starten Ausflugsboote zur lohnenden **Melaka River Cruise**, die nach Sonnenuntergang am schönsten ist (tgl. 9–23 Uhr). Auf der Uferpromenade lässt es sich gut flanieren.

[Erstklassig]

Auf dem Gelände des **Dataran Pahlawan**, einem gigantischen Einkaufszentrum in der Altstadt, wird in einer **Sound & Light Show** jeden Abend zweimal die Geschichte der Stadt präsentiert (über Kopfhörer in mehreren Sprachen, www.heritageparkmelaka.com).

## Die Altstadt

Von der Tourist Information am Roten Platz geht es auf die westliche Seite des Flusses in den ältesten Staddteil. In der Jalan Tun Tan Cheng Lock 50 widmet sich das **\*Baba-Nyonya-Heritage-Museum** Ⓙ in einem prachtvollen ehemaligen Wohngebäude dem Leben der Nachfahren der chinesischen Einwanderer. Wertvolle Einrichtungsgegenstände aus Edelhölzern, Silber und Porzellan vermitteln eine gute Vorstellung vom Reichtum der Baba-Nyonya (tgl. 10–12.30, 14.30 bis 16.30 Uhr). Das **Cheng Ho Cultural Museum** Ⓚ dokumentiert in acht alten *shop houses* das Leben von Admiral Cheng Ho (51 Lorong Hang Jebat, tgl. 9–18 Uhr, 20 RM, www.chengho.org/museum).

[Erstklassig]

Der kleine Hindutempel **Sri-Poyyatha-Vinayagar-Moorthi-Tempel** Ⓛ (Ende 18. Jh.) ist dem elefantenköpfigen Gott Ganesha gewidmet. Nebenan bezeugen das gestufte Pyramidendach und das pagodenartige Minarett der **\*Kampung-Keling-Moschee** Ⓜ den Einfluss Sumatras auf die malaiische Baukunst des 18. Jhs.

Der **\*Cheng Hoon Teng** Ⓝ von 1645 ist der älteste chinesische Tempel des Landes. Auf dem Hauptaltar thront eine Statue von Kuan Yin, der Göttin der Barmherzigkeit.

[Erstklassi]

In den Geschäften gegenüber des Tempels kaufen Chinesen für ihre Verstorbenen Imitate aus Papier und Pappe, vom Fernseher bis zur Kreditkarte. Bei den Begräbnisfeiern werden diese dann dem Feuer und damit den Geistern der Toten mitgegeben, damit sie auch im Jenseits gut ausgestattet sind.

Die **Kampung-Hulu-Moschee** Ⓞ von 1728 ist die älteste des Landes. Im Vergleich zum neueren arabischen Stil wirkt ihr massiges achteckiges Minarett fast plump.

## Kampung Morten Ⓟ

In der malaiischen Siedlung in einer Flussschleife im Norden der Altstadt kann die **Villa Sentosa** besichtigt werden. In dem hübschen, traditionellen Holzhaus der Familie von Haji Hashim haben mehrere Generationen ihre Spuren hinterlassen. Neben Alltagsgegenständen der Familie sind auch Geschenke berühmter Besucher, darunter der König, ausgestellt. (**The Living Museum**, 138 Kampung Morten, tgl. 9 bis 13, 14–17.30 Uhr, Fr ab 14.45 Uhr; eine Spende wird erwartet.)

## Info

**Tourism Malaysia**
- Jl. Banda Kaba
- Tel. 06/288 1549

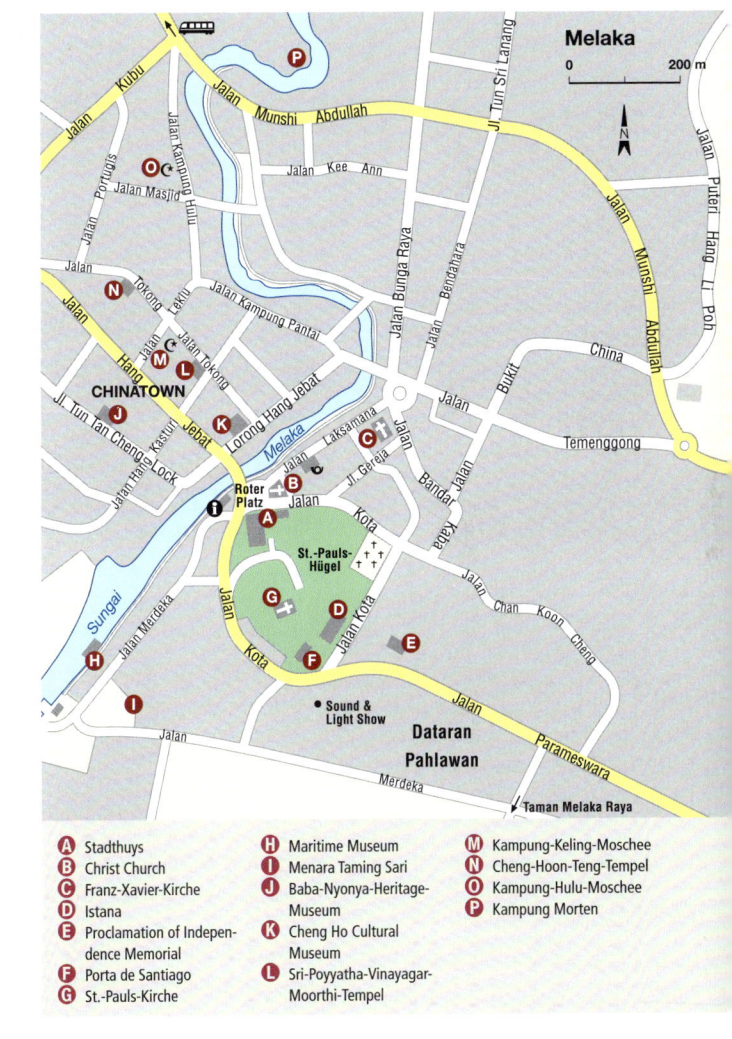

- **A** Stadthuys
- **B** Christ Church
- **C** Franz-Xavier-Kirche
- **D** Istana
- **E** Proclamation of Independence Memorial
- **F** Porta de Santiago
- **G** St.-Pauls-Kirche
- **H** Maritime Museum
- **I** Menara Taming Sari
- **J** Baba-Nyonya-Heritage-Museum
- **K** Cheng Ho Cultural Museum
- **L** Sri-Poyyatha-Vinayagar-Moorthi-Tempel
- **M** Kampung-Keling-Moschee
- **N** Cheng-Hoon-Teng-Tempel
- **O** Kampung-Hulu-Moschee
- **P** Kampung Morten

- Mo–Fr 8–17 Uhr
- Filiale am Aussichtsturm, Menara Taming Sari, tgl. 10–22 Uhr.

**Tourist Information**
- Jl. Kota
- Tel. 06/281 4803
- Tgl. 9–18 Uhr

## Verkehr

- **Bus:** Busbahnhof Melaka Sentral, Jl. Tun Razak/Jl. Bandaraya, nördlich des Zentrums. Stadtbus Nr. 17 fährt u.a. zum Red Square.
- **Erstklassig** **Fahrradrikscha:** Erkunden Sie Melaka einmal in einer Rikscha, am besten am Sonntagvormittag wenn wenig Verkehr ist (ca. 40 RM pro Stunde).

## Hotels

**Casa del Rio Melaka ●●●**
Exzellentes zentral gelegenes Luxushotel am Fluss mit Flair, schöne Zimmer.
- 88 Jl. Kota Laksamana
- Tel. 06/289 6888
- www.casadelrio-melaka.com

**The Majestic Malacca ●●●**
**Erstklassig** Elegantes Boutique-Hotel im Nyonya-Stil hinter dem historischen Hotelgebäude, das nun Restaurant, Bar und Lesezimmer beherbergt. Originelles Spa, Pool und Fitnesscenter.
- 188 Jl. Bunga Raya
- Tel. 063/2783 1000
- www.majesticmalacca.com

**Puri Hotel ●●–●●●**
Das stilvoll modernisierte Haus ist eine Perle mit Garten und Café.
- 118 Jl. Tun Tan Cheng Lock
- Tel. 06/282 5588
- www.hotelpuri.com

**The Baba House ●●**
Klimatisierte, kleine Zimmer in altem Baba-Nyonya-Haus in der Chinatown.
- 121–127 Jl. Tan Cheng Lock
- Tel. 06/281 1216
- www.thebabahouse.com.my

## Restaurants

**The Baboon House ●●**
Hier genießt man die besten Burger weit und breit im gefälligen Ambiente eines chinesischen *shop house*.
- 89 Jl. Tun Tan Cheng Lock
- Tel. 06/292 2960

**Amy Heritage Nyonya Cuisine ●●**
Beliebte Adresse für authentische Nyonya-Küche, deshalb sollten Sie besser reservieren.
- 75 Jalan Melaka Raya
- Tel. 06/286 8819

**Calanthe Art Cafe ●**
Das ist der richtige Ort zum Entspannen. Kleine Karte, aber große Kaffeeauswahl und Smoothies.
- 11 Jl. Hang Kasturi
- Tel. 06/292 2960

## Shopping

In und um die **Jalan Hang Jebat** (früher: Jonker Street) und **Jalan Tokong** konzentrieren sich zahlreiche Souvenir- und Antiquitätenläden. Aber Vorsicht: Nicht alles, was antik aussieht, ist auch alt! Von allen Einkaufszentren beeindruckt die Megamall **Dataran Pahlawan** mitten im Zentrum schon allein durch ihre Architektur.

Am Wochenende lohnt ein Bummel **Erstklassig** über den stimmungsvollen Nachtmarkt in der Jl. Hang Jebat.

Johor Bahru ‹ Südliche Halbinsel ‹ TOP-TOUREN

# Johor Bahru 7

Die Hauptstadt (960 000 Einw.) des südlichsten Bundesstaates Johor profitierte vom wirtschaftlichen Aufschwung des Nachbarn Singapur nicht zuletzt dank der hier wesentlich niedrigeren Arbeitslöhne und Grundstückspreise. Über die Johor Strait nach Singapur führt der **Causeway,** ein 1 km langer Bahn- und Autodamm. Westlich des Causeway liegt inmitten einer schönen Parkanlage der Sultanspalast **Istana Besar.** 1866 begonnen, weist er deutliche Einflüsse viktorianischen Stils auf. Er beherbergt das **Royal Abu Bakar Museum** mit Kronjuwelen und Kunstgegenstände aus dem Besitz des Sultans (Sa–Do 10–17 Uhr). Auf einem Hügel erhebt sich die imposante **Sultan-Abu-Bakar-Moschee** (1892). Die Fassade mit Stilelementen der Neorenaissance belegt den starken Einfluss der europäischen Baukunst im 19. Jh. auch in diesem Teil der Welt.

### Info

**Johor Tourism Info Center**
- Suite 5–4 JOTIC (5. Stock)
- 2 Jl. Ayer Molek
- Tel. 07/223 4935
- www.johortourism.com
- Mo–Do 8–13, 14–17 Uhr, Fr 8–12.15 und ab 14.45 Uhr
- Filialen im Bahnhof, Level 3 und im Airport, Level 2 (tgl. 9–18 Uhr)

### Verkehr

- **Flugzeug:** Flughafen Senai (www.senaiairport.com), 30 km nördlich, Flüge zu allen größeren Flughäfen

### Attraktive Märkte | Erstklassig

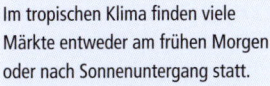

Im tropischen Klima finden viele Märkte entweder am frühen Morgen oder nach Sonnenuntergang statt.

- In **Kuala Lumpur** locken der große chinesische Nachtmarkt in der Chinatown › S. 47 mit allerlei Souvenirs und gefakten Markenartikeln sowie der malaiische Straßenmarkt Chow Kit an der nördlichen Jl. Tuanku Abdul Rahman mit Essensständen. › S. 52
- In **Melaka** strömen am Wochenende viele einheimische Touristen auf den Nachtmarkt und genießen die exotischen Snacks. › S. 58
- In **Ipoh** werden auf dem überdachten großen Zentralmarkt allerlei ungewöhnliche Zutaten angeboten. › S. 90
- In **Kota Bharu** wetteifern ein malaiischer und ein chinesischer Nachtmarkt um die Gunst hungriger Kunden. Zudem bietet eine große Markthalle schöne Fotomotive. › S. 98
- In **Kuching** lohnt von Freitagnachmittag bis Sonntagvormittag der Main Bazaar einen Besuch. › S. 122
- Zu den morgendlichen Wochenmärkten in Sabah, Tamu genannt, kommen die Menschen aus den umliegenden Dörfern teils noch in traditioneller Kleidung. Der größte findet in **Kota Belud** statt. › S. 129
- **Kota Kinabalu** bietet eine große Auswahl an Kunsthandwerk, auch aus den Nachbarländern, auf dem Sunday Market, einem Vormittags-Straßenmarkt, und dem überdachten, sog. Philippino Market. › S. 129

TOP-TOUREN › Südliche Halbinsel › **Johor Bahru, Mersing**   › Karte S. 67

West- und Ost-Malaysias und nach Bangkok, Jakarta und Surabaya.
- **Bahn:** Der Bahnhof JB Sentral befindet sich im Sultan Iskandar Custom Complex, von hier Züge nach K. L. und an die Ostküste.
- **Bus:** Vom Larkin Bus & Taxi Terminal 6 km nördlich des Zentrums fahren Expressbusse in alle größeren Städte. Neuer Grenzabfertigungsterminal im Zentrum. Taxis und Busse nach Singapur ab Laarkin und vom zentralen Busbahnhof Kota Raya.

### Hotels

**The Puteri Pacific** ●●●
Großes Businesshotel im Zentrum mit Pool. Es hat Abnutzungsspuren, aber ein gutes Preis-Leistungs-Verhältnis.
- Jl. Abdullah Ibrahim
- Tel. 07/219 9999
- www.puteripacific.com

**Traders Hotel** ●●●
In schöner Lage am Wasser, 20 Minuten vom Stadtzentrum, bietet das moderne Hotel exquisites Ambiente und ausgezeichneten 4-Sterne-Komfort.
- Puteri Harbour, Nusajaya
- Tel. 07/560 8888
- www.shangri-la.com/johor/traders/

### Restaurants

**Nilla Bananaleaf** ●  *Erst-klassig*
Großes, einfaches indisches Restaurant mit authentischen Gerichten.
- 3 Jl. Ungku Puan

**Nachtmarkt** ●
Viele Essensstände hinter dem Merlin Tower. Jenseits der Jl. Siu Chim im **Meldrum Walk** gibt es chin. Garküchen.
- Zwischen Jl. Stesyen und Jl. Siu Chim

## Mersing 8

Die größte Stadt an der südlichen Ostküste ist Ausgangspunkt für die Fahrt nach Tioman. Nahe der Mündung des Sungai Mersing liegen viele Fischerboote vor Anker. Reisebüros bieten Ausflüge in den kaum erschlossenen **Endau-Rompin-Nationalpark** im Tieflanddschungel an, Rückzugsgebiet äußerst selten gewordener Tiere.

### Info

**Johor National Parks Corp.**
Infos über den Endau Rompin NP.
- Tel. 07/223 7471
- www.johortourism.com.my

### Verkehr

- **Bus:** Vom Busbahnhof nach der Brücke nicht weit von der Innenstadt fahren Busse die Ostküste hinauf (Kuantan, Kuala Terengganu), nach Johor Bahru, Melaka und Kuala Lumpur.
- **Schiff:** Vom Hafen starten Fähren zu den Inseln Rawa, Besar, Tinggi, Sibu, Lima und nach Tioman (2 Std.).

### Hotels

**Havanita Hotel** ●●  *Erst-klassig*
Das beste im Zentrum, modern eingerichtet mit Holzböden und Batikstoffen.
- 88 Jl. Endau
- Tel. 07/799 8666
- www.hotelhavanita.com.my

**Timotel** ●●
Große Zimmer mit Internetzugang. Nach hinten ruhiger.
- 839 Jl. Endau
- Tel. 07/799 5888
- www.timotel.com.my

## **Tioman** 9

Überragt vom 1038 m hohen markanten **Gunung Kajang** erhebt sich die 40 km lange und 12 km breite Insel aus dem Meer. Das gebirgige Innere ist von dichtem Urwald überwuchert. Lange Zeit lebten nur einige hundert Fischer in kleinen Dörfern, bis die Insel von Touristen und als Filmkulisse entdeckt wurde. Heute zählt sie ca. 3000 Einwohner. Die Gewässer um Tioman wurden 1985 zum Meeres-Nationalpark erklärt. Strandresorts, Restaurants und Tauchschulen entstanden, eine Landepiste und ein Jachthafen wurden angelegt, Fischkutter wurden zu Fährbooten umfunktioniert, und der Insel wurde Zollfreiheit zugesprochen.

Am Salang Beach

Im größten Ort **Kampung Tekek** an der Westküste gibt es eine Moschee, Polizeistation, Schule, Post, Krankenhaus, Bank, Marina und das neue Marina Park Information Centre. Von hier aus führt die einzige Asphaltstraße bis zum Berjaya Tioman Beach Resort im Süden und zum Ende der Bucht im Norden. Noch ist Tioman weitgehend autofrei. Eine steile, nur mit Geländewagen befahrbare Straße führt durch herrlichen dichten Urwald nach Osten zur Bucht von **Kampung Juara**. Am Strand unterhält die Fischereibehörde eine Aufzuchtstation für Meeresschildkröten.

Weitere palmenbestandene Badebuchten finden sich im Norden am teils steinigen **Air Batang** und in der tiefen, dicht bebauten Bucht von **Kampung Salang**. Da das Meer hier dank der vorgelagerten Insel Soyak recht ruhig ist, erfreut sich der Strand großer Beliebtheit. Die Tümpel im Hinterland sind von großen Waranen bevölkert. Zu einigen der erschlossenen Strände führen schmale, teils steile Dschungelpfade. Im Süden Tiomans liegen die kleinen Fischerdörfer **Paya, Genting** und **Nipah**, die ebenfalls über schmale Pfade miteinander verbunden sind. Die Resorts in diesen Dörfern werden überwiegend von einheimischen Familien gebucht. An der Südspitze der Insel, in der Nähe von Kampung Mukut und Kampung Asah, laden Wasserfälle zu einem erfrischenden Bad ein. Das einzige Transportmittel zu den Zielen im Süden sind Boote, die gechartert werden müssen. Auch Ankömmlinge, die von der Fähre nicht an ihrem Strand abgesetzt werden, sollten auf die Boote ausweichen.

### Verkehr

- **Flugzeug:** Von Kampung Tekek Propellermaschinen nach K.L. (Subang) und Singapur (Seletar Airport). In der

TOP-TOUREN › Südliche Halbinsel › **Tioman**

› Karte S. 67

Hochsaison rechtzeitig vorbuchen! Maximal 10 kg Gepäck.
- **Schiffe:** Tgl. etwa 5 Fähren und Schnellboote zwischen Mersing und Tioman. Die Fähren halten in Salang, Air Batang, Tekek, Paya und Genting.

## Hotels

### Berjaya Tioman Beach Resort ●●●
Das größte Hotel Tiomans mit komfortablen Bungalows, Restaurants, Golfpatz, Tennis, 2 Pools, Tauchschule und Privatstrand.
- Südlich von Kampung Tekek
- Tel. 09/419 1000
- www.berjayahotel.com/tioman

### Japamala Resort ●●●
**Erst-klassig**
Edles Boutique Resort an einer eigenen Badebucht mit Spa, und exquisiten Chalets im Dschungel oder am Strand, hohem Komfort und tollem Service.
- Kampung Lanting
- Tel. 09/419 7777
- Buchungen über Tel. 03/2161 0769
- www.japamalaresorts.com

### Minang Cove Resort ●●●
Gepflegte Zimmer und Villen mit Wohnbereich und Küche in einem Garten unter Palmen in schöner, von dschungelbedeckten Bergen umrahmter eigener Bucht, Tauchschule.
- Zwischen Kampung Nipah und Kampung Mukut
- Tel. 07/799 7372
- www.minangcove.com.my

### Melina Beach Resort ●●●
Klimatisierte Bungalows am Strand oder im Garten in unterschiedlichen Kategorien, ein Baumhaus direkt an einer kleinen eigenen Bucht mit großem Felsen und schönem Strand.
- Zwischen Paya und Genting
- Tel. 09/419 7080
- www.tioman-melinabeach.com

### Bamboo Hill Chalets ●●
Ansprechend eingerichtete Bungalows am Hang in einer tropischen Gartenanlage mit natürlichem Badebecken.
- Am nördlichen Ende von Air Batang
- Tel. 09/419 1339
- www.bamboohillchalets.com

### Salang Sayang Resort ●●
Große Bungalowanlage am Strand.
- Salang
- Tel. 09/1950 5020
- salangsayangresorts.webs.com

### Nazris Place I ●–●●
Komfortable Bungalows und Zimmer am Strand.
- Im Süden von Air Batang
- Tel. 09/419 1329

### Swiss Cottage ●–●●
Schattige schöne Grünanlage, große Chalets sowie Zimmer im Langhaus.
- Kampung Tekek
- Tel. 09/419 1642
- swiss-cottage-tioman.com

## Restaurants

Überwältigend ist die Auswahl an guten Lokalen auf Tioman nicht. Frische Fisch- und Seafood-Gerichte gibt es jedoch in fast allen Unterkünften. Besonders umfangreich ist das Angebot im **Berjaya Tioman** ●●.

Liebevoll restauriert: das Cheong Fatt Tze Mansion in Georgetown

# Der Westen der Halbinsel

## Das Beste!

- In der chinesisch geprägten Altstadt von Georgetown auf der Insel Penang das historische Erbe erkunden › S. 68
- Auf Langkawi den Strand verlassen, über die Insel fahren und abends von einem Segelboot aus den Sonnenuntergang bewundern › S. 83
- In den kühlen Cameron Highlands durch den Bergwald wandern und in einer Teeplantage einen heißen Tee genießen › S. 85

TOP-TOUREN › Der Westen der Halbinsel

› Karte S. 67

Zwischen den wolkenverhangenen Teeplantagen der Cameron Highlands und den von Dschungel umrahmten Tropenstränden auf Langkawi lohnen historische Städte, Tempel und Moscheen einen Zwischenstopp, vor allem die Altstadt von Georgetown.

Im Tiefland zwischen der Hauptstadt K.L. und der thailändischen Grenze schlägt das wirtschaftliche Herz des Landes. Das Zentrum dieser Region bildet die **Insel Penang** an der Straße von Malakka, die von jeher ein bedeutendes Handelszentrum zwischen Asien und Europa war: Die Hauptstadt Georgetown wurde nicht von Sultanen, sondern von Kaufleuten gegründet. Chinesen, Inder, Malaien, Thais, Birmanen und Engländer hinterließen ihre Spuren.

In der Altstadt manövrieren Rikschafahrer mit stoischer Gelassenheit ihre Fahrgäste durch die belebten Straßen, vorbei an prachtvollen Tempeln, Kolonialbauten und unzähligen Essensständen. Die Nordküste um Batu Ferringhi wartet mit Sandstränden und Ferienhotels auf.

Wo sich die Straße von Malakka in den Indischen Ozean ausweitet, liegt malerisch der **Langkawi**-Archipel. Schroffe Bergkämme und waldbedeckte Hügel, Reisfelder sowie Meeresbuchten mit Mangroven und Sandstränden werden überragt vom fast 900 m hohen Gunung Raya. Um die Hauptinsel gruppieren sich über 100 weitere Inseln von nahezu paradiesischer Schönheit, fast alle unbewohnt, einige umgeben von Korallenriffen.

Auf dem Festland mitten in der Reiskammer des Landes liegt die Sultansstadt **Alor Setar** mit ihrer prächtigen Moschee und den herausgeputzten Gebäuden des Sultanspalastes. In vielen Städten entlang der Westküste stellen Chinesen die Mehrheit der Bevölkerung. Die meisten chinesischen Siedlungen verdanken ihre Existenz dem einstigen Zinnboom, der das Land wie ein Goldrausch erfasste und veränderte. In den Kalkfelsen rings um **Ipoh** lohnen die buddhistischen Höhlentempel einen Stopp, in **Taiping** der weitläufige Lake Garden mit dem Zoo und in der Sultanstadt **Kuala Kangsar** die schöne Moschee.

Erholung findet man an den Stränden von Langkawi, Penang und der kleineren **Insel Pangkor** oder – auf den Spuren der britischen Kolonialherren – in den **Cameron Highlands**. In diesem bergigen Hochland, 1600 bis 2000 m über dem Meer, ist es mit einer Durchschnittstemperatur von 18 °C merklich kühler als im feuchtheißen Tiefland. Abends und nachts kann es sogar richtig kalt werden. Wenn die schweren Wolken der Tropen das Bergland umhüllen sorgt Nieselregen für ein üppiges Wachstum von Gemüse, Blumen und Tee. Durch die Lage im Regenschatten Sumatras fällt selbst in den Regenzeiten im Oktober/November sowie im April/Mai. Im Tiefland regnet es weniger.

# Touren in der Region

## Tour 7: Das koloniale Erbe: Von Kuala Lumpur nach Penang

### Tour-Übersicht:

**Verlauf:** **Kuala Lumpur** › *Cameron Highlands* › *Ipoh* › *Kuala Kangsar* › Taiping › ***Georgetown auf **Penang

**Länge:** 520 km
**Dauer:** 5–6 Tage
**Praktische Hinweise:**
- 8- bis 10-mal täglich fahren Busse von Kuala Lumpur in 4½ Stunden die kurvenreiche Strecke hinauf in die Cameron Highlands.
- Auch mit dem Überlandtaxi oder noch besser mit Mietwagen können Sie diese Strecke gut befahren.
- Im letzten Fall steht Ihnen für die Weiterfahrt zu den interessanten Zielen Ipoh (Bus 2 Std.), Kuala Kangsar (knapp 1 Std.) und Taiping (knapp 1 Std.) gleich ein Fahrzeug zur Verfügung. Ansonsten chartern Sie an den jeweiligen Busbahnhöfen ein Taxi.

### Tour-Start:

Nach der Erkundung der Hauptstadt können Sie auf der Fahrt Richtung Norden mit einem eigenen Fahrzeug einen Zwischenstopp an den *Batu-Höhlen › S. 53 oder im Forest Research Institute of Malaysia *FRIM › S. 53 einlegen.

Zurück von den Wipfeln der Dschungelbäume verlassen Sie auf der Weiterfahrt das Tiefland und schrauben sich auf der schmalen kurvenreichen Straße hinauf in die angenehm kühlen *Cameron Highlands › S. 85. 2 Tage sind angefüllt mit Wanderungen durch die Bergwälder, einer Fahrt auf den höchsten Berg und zu einer Teeplantage, dem Besuch des Museums oder gar einer Runde Golf auf dem historischen Platz.

Wo zu britischen Zeiten die Straße endete, ist nun eine breite Schneise für eine vierspurige Fahrbahn in den Urwald geschlagen worden, auf der man *Ipoh › S. 90 schnell erreicht. Die sehenswerte Kolonialarchitektur in der Innenstadt und die buddhistischen Höhlentempel im Umland lohnen auf alle Fälle eine oder gar zwei Übernachtungen.

Hingegen reicht es aus, für die Besichtigung der hübschen Moschee von *Kuala Kangsar › S. 93 einen Zwischenstopp auf dem Weg nach Taiping › S. 94 einzuplanen. Wer dem Reiz der einstigen Zinnmetropole – und vor allem ihrer guten Küche – verfällt, kann auch hier einen ereignisreichen Tag verbringen.

Schließlich ist es über die Brücke nicht mehr weit nach ***Georgetown › S. 68 auf der Insel **Penang › S. 68.

TOP-TOUREN › Der Westen der Halbinsel › **8** Sultansstädte

› Karte S. 67

## Tour 8: Sultansstädte und Palmenstrände

### Tour-Übersicht:

**Verlauf:** ***Georgetown auf **Penang › *Alor Setar › Kuala Kedah › **Langkawi

**Länge:** 300 km
**Dauer:** 5 Tage

**Praktische Hinweise:**
- Für eine Inselrundfahrt mieten Sie sich am besten für einen Tag ein Auto.
- Wenn Sie die Insel Penang Richtung Norden verlassen möchten, dauert die Fahrt über die Brücken im Süden etwa eine Stunde länger als die mit der Fähre nach Butterworth. Von der Anlegestelle auf dem Festland führt ein kurzer Fußweg zum Busbahnhof, Bahnhof und Taxistand.
- Viele Busse fahren täglich in 2 Stunden von Butterworth nach Alor Setar.
- Fähren zwischen Kuala Kedah und Langkawi verkehren etwa stündlich von 8–19 Uhr in 1½ Stunden.
- Für eine Rundfahrt auf Langkawi empfiehlt sich ein Mietwagen oder Motorrad.

### Tour-Start:

Einen Tag sollten Sie unbedingt für die Erkundung von ***Georgetown › S. 68 einplanen. Ein weiterer Tag eignet sich gut für eine eintägige Inselrundfahrt auf **Penang › S. 74, wo Sie jenseits der modernen Hochhäuser der Vororte belebte wie einsame Strände und erfrischend kühle Bergregionen entdecken werden.

Fahren Sie am folgenden Tag Richtung Norden, wo inmitten von Reisfeldern *Alor Setar › S. 84 liegt. Die Innenstadt mit dem alten und neuen Sultanspalast sowie der sehenswerten Moschee lässt sich gut zu Fuß erkunden.

Am nächsten Morgen geht es mit dem lokalen Bus zum Hafen von Kuala Kedah und weiter mit einer der großen Fähren nach **Langkawi › S. 78. Die reizvollen Palmenstrände sollten Sie nicht davon abhalten, mit einem Mietwagen (Langkawi ist zollfrei) eine Inselrundfahrt zu unternehmen.

### Touren im Süden und Westen der Halbinsel

#### Tour 6
**Highlights im Süden**

Kuala Lumpur › Putrajaya › Melaka › Johor Bahru › Mersing › Tioman

#### Tour 7
**Das koloniale Erbe: Von Kuala Lumpur nach Penang**

Kuala Lumpur › Cameron Highlands › Ipoh › Kuala Kangsar › Taiping › Georgetown auf Penang

#### Tour 8
**Sultansstädte und Palmenstrände**

Georgetown auf Penang › Alor Setar › Kuala Kedah › Langkawi

#### Tour 9
**Vom Strand zum Regenwald**

Kota Bharu › Perhentian-Inseln › Kuala Terengganu › Tasik Kenyir › Kuala Lipis › Taman Negara

**6 7 8 9** ‹ Der Süden und Westen der Halbinsel ‹ TOP-TOUREN

## Unterwegs in der Region

### **Penang ⑩
### ***Georgetown Ⓐ

1786 gründete Sir Francis Light Georgetown. Rasch wurde der Stützpunkt ein Zentrum des Zinnhandels. Die Provinz Penang (1,6 Mio. Einw.), zu der neben der Insel auch das gegenüberliegende Festland gehört, ist neben Kuala Lumpur das zweite Wirtschaftszentrum Malaysias. Der Rundgang durch die Stadt (200 000 Einw.) verbindet in ihrem Zentrum zwei unterschiedliche Viertel miteinander: den Bereich der Kolonialbauten im Nordosten und die geschäftige Chinatown.

**Koloniales Erbe**

Ausgangspunkt der Stadterkundung ist der Platz vor dem 18 m hohen **Clock Tower** Ⓐ, zu Ehren von Queen Victoria errichtet; sein Glockenschlag erinnert an den des Big Ben in London.

An der Stelle, an der 1786 Francis Light angeblich die Insel zum ersten Mal betrat, steht heute das **Fort Cornwallis** Ⓑ. Noch erhalten sind die vier Eckbastionen und die begehbaren Wallanlagen. Im Inneren werden die Besucher von einer Statue von Sir Francis Light begrüßt. Eine Ausstellung in den ehemaligen Lagerhallen widmet sich ihm und der Geschichte der Stadt, die eng mit der britischen Handelsgesellschaft verknüpft ist (Mo–Sa 9 bis 18 Uhr).

Die Lebuh Light führt zur schneeweißen ehemaligen **City Hall** Ⓒ und der angrenzenen **Town Hall,** die für wechselnde Ausstellungen genutzt wird. Die Briten ließen sie im typischen Kolonialstil erbauen.

Die Stadtverwaltung amtiert heute im zylinderförmigen **KOMTAR Building** an der Jalan Penang, das die Altstadt im Südwesten überragt. Zu seinen Füßen herrscht rund um den lokalen Busbahnhof ein ständiges Kommen und Gehen.

Hinter dem Obersten Gerichtshof erhebt sich in der Lebuh Farquhar **St. George's** Ⓓ, die älteste anglikanische Kirche Malaysias von 1818. Direkt daneben präsentiert das ***Penang-Museum und Art Gallery** Ⓔ die Geschichte der Insel und die ethnische Vielfalt ihrer Bewohner samt deren Alltag und Festen (tgl. 9–17 Uhr, Eintritt frei).

Wenn Sie der Lebuh Farquhar in Richtung Meer folgen, stehen Sie bald vor dem berühmten **Eastern & Oriental** Ⓕ, einem der legendären Kolonialhotels Asiens. Beim jüngsten Komplettumbau blieb abgesehen von der Eingangshalle nur wenig erhalten. Allerdings legt man in Suiten und Restaurants Wert auf historisches Flair.

Nicht weit entfernt liegt das chinesische ***Cheong Fatt Tze Mansion** Ⓖ, das liebevoll restauriert wurde und auch Zimmer vermietet › S. 71 – eingerichtet mit Antiquitäten. Lohnenswert sind die einstündigen Führungen durch das Domizil einer

`Erst-klassig`

wohlhabenden Kaufmannsfamilie (Mo–Fr 11, 13.30 und 15 Uhr).

Das repräsentative **Suffolk House**, etwas außerhalb des Zentrums, die einstige Residenz von Francis Light in einem Park mit alten Bäumen, wurde ebenfalls restauriert und wieder originalgetreu eingerichtet (250 Jalan Air Itam, Tel. 04/228 1109, www.suffolkhouse.com.my, tgl. 10 bis 18 Uhr). Im Erdgeschoss lädt ein hübsches Restaurant zu einer Pause ein.

### Religiöse Stätten

Unter den wachsamen Augen der Dachdrachen opfern die Gläubigen im chinesischen **\*Kuan-Yin-Tong-Tempel** ❶, der 1801 zu Ehren der Gnadengöttin Kuan Yin errichtet wurde, Tag für Tag Räucherkerzen und Blumen.

Der indische **\*Sri-Mariamman-Tempel** ❶ ist Ausgangspunkt der Feierlichkeiten zum Thaipusam-Fest › **S. 34** auf der Insel. Über dem Eingangsportal in der Lebuh Queen türmt sich ein farbenprächtiger Torturm *(gopuram)* mit Darstellungen der vielfältigen hinduistischen Götterwelt auf. Im Allerheiligsten, zu dem nur Priester Zutritt haben, werden Subramaniam und der elefantenköpfige Ganesha verehrt, beides Söhne von Shiva. Schräg gegenüber fallen die Kuppeln der **Kapitan-Keling-Moschee** ❶ auf. Im alten Stil erhalten blieb die **Mesjid Melayu** ❶, 1820 von einem arabischen Händler aus Aceh errichtet.

### Georgetown

- ⓐ Clock Tower
- ⓑ Fort Cornwallis
- ⓒ City Hall
- ⓓ St. George's
- ⓔ Penang-Museum
- ⓕ Eastern & Oriental
- ⓖ Cheong Fatt Tze Mansion
- ⓗ Kuan-Yin-Tong-Tempel
- ⓘ Sri-Mariamman-Tempel
- ⓙ Kapitan-Keling-Moschee
- ⓚ Mesjid Melayu
- ⓛ Khoo Kongsi

TOP-TOUREN › Der Westen der Halbinsel › **Penang**

› Karte S. 69

Das Khoo Kongsi in Georgetown

## Chinesisches Erbe

**Erst-klassig** Das **\*\*Khoo Kongsi** ❶ ist das beindruckende Clanhaus der Khoo, eines einflussreichen Clans der Insel. Das Dach, mit Drachenfiguren und anderen Symbolen der chinesischen Mythologie geradezu überladen, und das goldverzierte Innere sollen selbst den Kaiser von China in Staunen versetzt haben. Ein Altar ist dem Schutzpatron der Khoo, Tua Sai Yeah, gewidmet. Ruhmvolle Clanmitglieder sind auf Namenstafeln verewigt.

Ein Museum erläutert die Geschichte der chinesischen Einwanderer (tgl. 9–17 Uhr). In der Umgebung finden sich weitere Clanhäuser anderer Familien.

### Info

**Tourism Malaysia**
Infos über die Stadt und Prospekte über das ganze Land.
- gegenüber Fort Cornwallis
- Tel. 04/262 2093
- Mo–Fr 8–17 Uhr
- Filiale am Flughafen (tgl. 8–21 Uhr)

**Tourism Penang**
- Im KOMTUR Bldg., 56 Stock sowie 8B Lebuh Pantai
- Tel. 04/262 0292
- Mo–Fr 8–16.30 Uhr
- www.tourismpenang.net.my

### Verkehr

- **Flugzeug:** Penang International Airport, im Süden der Insel, 20 km südlich von Georgetown (Tel. 04/643 4411). Transfer von/nach Georgetown: Bus Nr. 102, 306 und 401E (etwa halbstündlich 5.30–23 Uhr), für Taxis werden Coupons in der Schalterhalle verkauft (55 RM). Flüge in fast alle Landesteile sowie internationale Flüge in viele Städte Asiens u. a. nach Singapur, Bangkok, Jakarta, Medan, Hongkong und Macao.
- **Bahn:** ab Butterworth Railway Station auf dem Festland neben dem Ferry Terminal, Tickets im Railway Booking Office am Fährterminal in Georgetown (Tel. 04/261 0290, tgl. 8.30–13, 14 bis 16 Uhr).
- **Bus:** kostenloser CAT-Shuttlebus-Service alle 15-Min. von 6–24 Uhr innerhalb der Unesco-Welterbe-Zone. Rapid Bus unterhält außerdem ein dichtes Busnetz innerstädtisch und auf der Insel (www.rapidpg.com.my); es gibt z.B. die 7-Tage-Rapid-Passport-Netzkarte für 30 RM. Infocounter u. a. im KOMTAR Building (8–20 Uhr) und am Airport. Die meisten Busse starten an der Jetty (Weld Quay) via KOMTAR Bldg. Fernbusse in fast alle Landesregionen fahren vom modernen Sungai Nibong Express Bus Terminal ab, 11 km südlich von Georgetown.
- **Schiff:** Personen- und Autofähren zwischen Butterworth und George-

town von 5.30–0.30 Uhr, tagsüber alle 20 Min., nachts stündlich. Fahrt zum Festland kostenlos, nach Penang 1,20 RM pro Person, 7,70 RM pro Pkw; Mautgebühr für die Penang-Brücke 7 RM pro Pkw. Tgl. Fähren nach Langkawi (3 Std.) und Medan (Sumatra; 6 Std.). Büros der Fährgesellschaften am Uhrturm.
- **Taxi:** Taxameter sind oft »defekt«; Preis für eine kurze Strecke im Zentrum 10–12 RM, zum Bus Terminal Sungai Nibong 30 RM, nach Batu Ferringhi 40 RM und nach Butterworth 60 RM (nachts + 50 %). Von Gerorgetown nach Batu Ferringhi sollte es max. 35 RM kosten.
- **Fahrradriksha:** für gemächliche Fahrten durch die Chinatown. Den Preis sollte man vor Fahrtantritt aushandeln; Minimum 20 RM.

## Hotels

### Bayview Hotel ●●●
Komfortables Businesshotel. Vom Drehrestaurant auf dem Dach hat man einen hervorragenden Rundblick.
- 25 L. Farquhar
- Tel. 04/263 3161
- www.bayviewhotels.com/georgetown

### Eastern & Oriental Hotel ●●●
**rst-lassig** Das berühmte Haus aus der Kolonialzeit bietet 100 stilvoll rekonstruierte Suiten mit Blick aufs Meer.
- 10 L. Farquhar
- Tel. 04/222 2000
- www.e-o-hotel.com

### Cheong Fatt Tze Mansion ●●●
Wohnen wie einst etablierte Chinesen, **rst-lassig** 16 individuell gestaltete Zimmer im alten Stil mit modernem Komfort, ruhiger Innenhof zum Frühstücken und Entspannen.
- 14 L. Leith | Tel. 04/262 0006
- www.cheongfatttzemansion.com

### Muntri Mews ●●●
Das Interieur des stylischen Boutiquehotels in umgebauten Shophauses ist eine tolle Kombination aus modernem Design und kolonial asiatischen Akzenten.
- 77 Lebuh Muntri
- Tel. 04/263 51 25
- www.muntrimews.com

### Hotel Penaga ●●●
Wunderschöne Zimmer in umgebauten *shop houses* mit Original-Holzböden und antiken Möbeln; origineller Pool.
- Lebuh Clarke/Jl.Hutton
- Tel. 04/261 1891
- www.hotelpenaga-penang.com

### Hutton Lodge ●
25 Zimmer einfacher Ausstattung in einem über 100 Jahre alten Haus.
- 17 Jl. Hutton
- Tel. 04/263 6003
- www.huttonlodge.com

## Restaurants

### Kebayah ●●●
Die stilvolle Einrichtung und Nyonya-Gerichte auf neue Art zubereitet machen das Essen zum Erlebnis.
- 2-16 Stewart Lane, im Boutiquehotel Seven Terraces
- Tel. 04/264 2333
- www.7terraces.com

### Goh Huat Seng ●●
Prima chinesische Küche bei einem der dienstältesten Chinesen in der Stadt. Spezialität: traditionelles *steamboot*.

- 59A, Lebuh Kimberly
- Tel. 04/261 5646

### Townview Seafood ●●
Fisch und Meeresfrüchte satt – alles frisch zubereitet, Spezialität des Hauses sind Krebse.
- 11 Jl. Macalister
- Tel. 04/228 3645

### Mama's Nyonya ●–●●
Hier isst man authentische Nyonya-Gerichte wie *rendang* oder *curry capitan*.
- 31-D, Abu Siti Lane, Tel. 04/229 1318

### Edelweiss Café ●
Theresa, eine der besten Guides der Stadt, betreibt mit ihrem Mann Urs ein nettes, kleines Restaurant, in dessen OG sich zudem ein interessantes Museum verbirgt. Serviert werden westliche und lokale Gerichte zum Paulaner Bier.
- 38 Lebuh Armenian
- Tel. 04/261 8935
- www.edelweisscafe.com
- Geöffnet Di–Fr 11–15 und 18.30–22, Sa 12–22, So 12–19 Uhr.

### Kashmir ●
Der Klassiker für nordindische Currys.
- 105 Jl. Penang, im Basement vom Oriental Hotel

### Water Drop Teahouse ●
Buddhistisch inspiriertes Lokal mit leckeren vegetarischen Gerichten.
- 16 Lebuh Penang
- Tel. 04/263 6300

**Seafood-Lokale** befinden sich auch in Tanjung Bungah (zwischen Stadt und Batu Ferringhi) und am Gurney Drive im Vorort Pulau Tikus.

**Essensmärkte:** Ein riesiges Angebot an asiatischen und speziell auch Penang-Gaumenkitzel wie Nasi Kandar, Hokkien Mie und Laksa bieten die Food Courts und Nachtmärkte, u.a.: **Red Garden Food Paradise** in der Lebuh Leith, **New World Park** 1 Jl.Burma, ferner in der Fußgängerzone der **Lebuh Campbell** sowie etwas außerhalb vom Zentrum am **Gurney Drive** am Ende der Jl. Bagan Jermal.

## Nightlife

Ob beim Guinness-Bier in schummrigen Bars oder bei einem exotischen Cocktail in eleganten Hotels, ob in Freiluftlokalen oder in den Diskos – hier kann jeder auf seine Art die Nacht zum Tag machen. Eine Reihe von Clubs konzentrieren sich in der Fußgängerzone der Jl. Upper Penang nahe dem Eastern & Oriental Hotel.

### Hongkong Bar
Pure Nostalfie, seit 1955 Treffpunkt für durstige Kehlen.
- 371 Lebuh Chulia

Die beliebtesten Diskos sind **G Planet** im Gurney Hotel (18 Persiaran Gurney) und **Slippery Senoritas** in der Jl. Upper Penang.

## Shopping

Vor allem in Chinatown finden Sie Souvenirs und Kunsthandwerk von Antiquitäten bis Zinnfiguren. Ein großes Angebot führen Läden in und um die **Jalan Penang**, **Lebuh Campbell** und **Lebuh Chulia**; Indisches findet sich in Little India im Bereich **Lebuh Pasar** und **Lebuh Penang**. Die größten Einkaufszentren sind das **1st Avenue**, Jl. Magazine und **Pranglin Mall**, Jl. Dr Lim Chwee Leong.

*Erst-klassi*

Lernen Sie Georgetown per Rikscha kennen

## Die Strände im Norden

An den weißen Sandstränden und entlang der Hauptstraße in der Nähe von **Batu Ferringhi** B reihen sich zahlreiche Hotels und Restaurants kilometerweit aneinander. Das Meerwasser ist hier an der Straße von Malakka trübe, denn diese Hauptschifffahrtsroute säumen dicht besiedelte Küsten mit vielen Industriebetrieben. Beschaulicher ist dagegen das Dorf **Teluk Bahang** C am Eingang des Penang-Nationalparks. Der kleine Hafen, der Markt und die Moschee prägen den Ort noch immer.

Vom National Park Headquarter am Ende der Straße können Boote für Ausflüge zu den abgelegeneren Stränden des Penang-Nationalparks D gemietet werden. Sie sind auch auf Wanderpfaden durch den Wald zu erreichen. Guides bieten am Parkeingang geführte Touren zur Vogelbeobachtung an. Touren zur Schildkrötenstation am **Pantai Kerachut** E werden in der Saison von April bis August nachmittags durchgeführt, bei denen man die frisch geschlüpften Schildkröten freilassen kann.

### Verkehr

Ab KOMTAR-Hochhaus u. a. mit Rapid Bus Nr. 105 nach Batu Ferringhi und mit Nr. 101 nach Teluk Bahang.

### Hotels

#### Hard Rock Hotel ●●●

Hippes Themenhotel mit buntem Unterhaltungsangebot und großer Pool-Landschaft. Zimmer mit DVD Player, interaktivem TV und iPod plug-in-station.

- in Batu Ferringhi
- Tel. 04/881 1711
- www.penang.hardrockhotels.net

#### Shangri-La's Rasa Sayang Resort ●●●

Gediegener Luxus in einer großen Gartenanlage am Strand – behaglich elegante Zimmer und ultimativer Komfort zeichnen das beste Hotel am Platz aus, großes Spa, 9-Loch-Golfplatz und 2 sehr gute Restaurants.

- am Ortseingang Batu Ferringhi
- Tel. 04/888 8888
- www.shangri-la.com

### Shangri-La's Golden Sands ●●●
Modernes Resort in einer Gartenanlage mit 2 Pools. Breites Sportangebot und 3 Restaurants, darunter Sigi's Bar & Grill.
- in Batu Ferringhi
- Tel. 04/886 1911
- www.shangri-la.com

#### Restaurants

**Ferringhi Garden Restaurant ●●●**
Gartenrestaurant mit stilvoll kolonialem Ambiente, das Seafood, Steaks und andere westliche Gerichte sowie frisch gezapftes Bier auftischt.
- 34 C Jalan Batu Ferringhi
- Tel. 04/881 1193

**Tree Monkey ●●**
In dem charmanten Lokal kann man leckere Thai-Curries zum Sonnenuntergang genießen, schöne Atmosphäre auf der Terrasse.
- Lone Craig Villa, Jl. Telok Bahang

**Happy Garden ●**
Einfach, in einem schönen Garten nahe beim Hard Rock Hotel gelegen. Frühstück, gute chinesische Gerichte, Bier.

**Living Room Cafe Bar & Gallery ●**
Kleiner gemütlicher Familienbetrieb mit vielseitiger asiatischer Küche.
- 43 C Batu Ferringhi

## Ausflugsziele auf der Insel

Zahlreiche Reisebüros in Georgetown und an den Stränden bieten Ausflüge auf der Insel an. Sie können Penang aber auch problemlos per Überlandtaxi, Mietwagen oder öffentlichen Bussen selbst erkunden.

### Botanischer Garten ❻

Ein Steinbruch in einem Tal nordwestlich von Gerorgetwon wurde vor über 100 Jahren mit den schönsten tropischen Pflanzen der Insel rekultiviert. Im vorderen Teil können Sie durch ein kleines Areal mit ursprünglicher Regenwaldvegetation spazieren. Füttern Sie auf keinen Fall die Affen!

### Birma und Thailand auf Penang

In Pulau Tikus, ebenfalls nordwestlich der City, lohnen in der Lorong Burmah, einer Seitenstraße der Jalan Kelawei, zwei buddhistische Tempel einen Besuch. Hinter einem von Elefanten flankierten Tor verbirgt sich die birmanische Tempelanlage **Dhammika Rama** ❻. Furcht einflößende Wächter und ein Drache am Eingang beschützen im thailändischen *Wat Chaiya Mangkalaram ❻ den 33 m langen ruhenden Buddha im Innern (Anfahrt mit Rapid Bus Nr. 101, 103–105).

### *Penang Hill (Bukit Bendera) ❶

Im Jahr 2010 wurde die alte nostalgische rote Zahnradbahn nach 82 Betriebsjahren ausgemustert und durch zwei moderne blaue und klimatisierte Panoramawagen aus der Schweiz ersetzt, die seit 2011 halbstündlich (Mo–Fr 6.30–20, Sa/So bis 23 Uhr) ab Ayer Itam zur 732 m hoch liegenden Bergstation fahren. Vom Gipfelbereich, dem Strawberry Hill, reicht der Blick weit über die Stadt. Noch atemberaubender ist die Aussicht, wenn

`Erst-klassig`

man die knapp 2 km zum Canopy Walkway zu Fuß geht. Der 220 m lange Seilpfad für Schwindelfreie 30 m hoch durch die Baumwipfel ist leider häufiger gesperrt. Ein Restaurant an der Bergstation sorgt für Ihr leibliches Wohl, Souvenirstände verführen zum Stöbern. Wer sich im Hotel einquartiert, kann der Kunst der gefiederten Sänger im angeschlossenen Vogelpark lauschen. Ausgeschilderte Wanderwege führen durch den Bergwald und zum Botanischen Garten.

**Penang**

- Ⓐ Georgetown
- Ⓑ Batu Ferringhi
- Ⓒ Teluk Bahang
- Ⓓ Penang-Nationalpark
- Ⓔ Pantai Kerachut
- Ⓕ Botanischer Garten
- Ⓖ Dhammika Rama
- Ⓗ Wat Chaiya Mangkalaram
- Ⓘ Penang Hill (Bukit Bendera)
- Ⓙ Kek-Lok-Si-Tempel
- Ⓚ Schlangentempel
- Ⓛ Balik Pulau
- Ⓜ Tropical Fruit Farm
- Ⓝ Butterfly Farm
- Ⓞ Tropical Spice Garden

## **Kek-Lok-Si-Tempel**

Die größte buddhistische Wallfahrtsstätte des Landes zieht sich einen Hügel oberhalb von Air Itam hinauf. Mehrere Innenhöfe mit Pagoden und Gebetshallen laden zum Verweilen ein. Überragt wird das Areal von einer großen, weißen Kuan-Yin-Statue und der 33 m hohen **Pagode der zehntausend Buddhas,** die chinesische, thailändische und birmanische Stilelemente vereint. Auf Wandkacheln im Innern der Pagode ist das Abbild Buddhas verewigt.

Von der Endstation von Rapid Bus 201 und 204 in Air Itam führt ein steiler Fußweg entlang unzähliger Souvenir- und Devotionalienstände sowie eine kleine Bergbahn hinauf zur oberen Tempelanlage (tgl. 8–17.30 Uhr).

### Schlangentempel

150 Jahre alt ist das unspektakuläre Heiligtum im Südwesten der Insel, in dem giftige, grüngelb gemusterte Vipern als Beschützer verehrt werden. Was auf den ersten Blick erschauern lässt, entpuppt sich als ziemlich ungefährliche Sache. Betäubt vom Duft der Räucherstäbchen dösen die wenigen Schlangen des Tempels den ganzen Tag benebelt vor sich hin. Einigen Exemplaren wurden trotzdem die Giftzähne gezogen, sicher ist sicher. Geweiht ist der Tempel dem Schutzgott Chor Soo Kong, dem heilende Kräfte nachgesagt werden (tgl. 7–19 Uhr, Rapid Bus 302 und 401).

### Balik Pulau

Landschaftlich wunderschön ist die kurvenreiche Straße von Kampung Teluk Kumbar im Süden der Insel über Pekan Genting in die grüne Berglandschaft um Balik Pulau. Kautschukplantagen und Gemüsefelder, hier und da Obst- und Muskatbäume bestimmen das Landschaftsbild.

Ein interessanter Ausflug allemal: Der neue Markt neben der Busstation ist noch immer sehr beschaulich – ganz anders als das ge-

---

**SEITENBLICK**

### Die Kongsi von Penang

*Kongsi* werden die stattlichen Tempel und Versammlungshallen der mächtigen chinesischen Clans genannt, die mit dem Kongsi Wohlstand und Einfluss demonstrierten. Architektonisches Vorbild der prächtigen Bauwerke war oft der chinesische Kaiserpalast. Auch heute noch werden in den Kongsi die Geister der Ahnen verehrt und mit Opfergaben und Räucherkerzen milde gestimmt. Darüber hinaus trifft man sich dort, um wichtige Angelegenheiten des Clans zu beschließen und die Erfolge der jungen Generation, zum Beispiel einen Universitätsabschluss in den USA oder in Großbritannien, zu feiern.

Penang kann sich rühmen, die meisten und schönsten Kongsi in ganz Südostasien zu besitzen. Außer dem Kongsi der Familie Khoo sind die Clanhäuser der Yeoh, Ong, Khaw, Cheah und Lee sehenswert.

Der Kek-Lok-Si-Tempel mit der Pagode der zehntausend Buddhas

schäftige Treiben in der Stadt. (Rapid Bus 401 nach Balik Pulau. Weiter nach Teluk Bahang im Norden mit Rapid Bus Nr. 501.)

### Tropical Fruit Farm ⓜ

An der Straße zwischen Balik Pulau und Teluk Bahang gedeihen in der 11 ha großen Anlage über 200 tropische Früchte aus aller Welt. Besucher können sich von Mitarbeitern die Pflanzen erklären lassen und sie in einem Laden kaufen und kosten (Tour tgl. 9 bis 17 Uhr, www.tropicalfruitfarm.com.my, Farmtour 35 RM, Bus 501 ab Teluk Bahang, Bus 101 von Georgetown).

### Butterfly Farm ⓝ

In einem großen Freigehege flattern rund 120 Arten von Schmetterlingen in den exotischsten Farben und Formen. Daneben gibt es Spinnen, Skorpione, Eidechsen und Frösche zu bestaunen (tgl. 9–18, letzter Eintritt 17 Uhr, www.butterfly-insect.com, 27 RM, 800 m südlich vom Kreisverkehr in Teluk Bahang, dorthin mit Rapid Bus Nr. 101 ab Georgetown alle 30 Min.).

### Tropical Spice Garden ⓞ

In einem Dschungelgebiet am Hang oberhalb der Straße nach Teluk Bahang wachsen in einem Garten über 500 tropische Pflanzenarten, Farne, Palmen, Orchideen sowie Gewürzpflanzen.

Hier kann man ein Gewürz-Museum und ein Café mit schöner Aussicht besuchen; Kochkurse für malaysische Küche werden ebenfalls angeboten (tgl. 9–18 Uhr; Touren im Garten 9–17 Uhr, 15 RM ohne, 25 RM mit Tour, www.tropicalspicegarden.com; Bus Nr. 101 von Georgetown nach Teluk Bahang).

TOP-TOUREN › Der Westen der Halbinsel › **Langkawi**

› Karte S. 67, 82

Sie wollen die Seele baumeln lassen? Fahren Sie an den Pantai Cenang

## **\*\*Langkawi**

### Kuah Ⓐ

Die Fähren zur Insel Langkawi legen am großen Terminal östlich von Kuah an. Der Langkawi International Airport liegt 20 km westlich von Kuah (Tel. 04/955 1311, www.langkawiairport.com). Während die Insel viel Abwechslung bietet, gibt es im Hauptort nicht viel zu sehen, abgesehen von der pittoresken **Al-Hana-Moschee** und der Strandpromenade mit der markanten 12 m hohen Adler-Statue am **Eagle Square**. Hauptattraktion sind die zollfreien Geschäfte und Einkaufszentren wie die **Langkawi Fair Shopping Mall** und mehrere kleinere im Zentrum.

#### Restaurant

**Wonderland Food Store** ●●
Eines der kleinen, einfachen Restaurants mit gutem Seafood und anderen chinesischen Spezialitäten, sehr beliebt.
■ Pesiaran Mutiara 2,
  gegenüber Hotel Bella Vista

### Die Strände

Die kilometerlangen palmengesäumten Sandstrände **\*Pantai Cenang** Ⓑ und **Pantai Tengah** Ⓒ im Südwesten der Insel, nur durch ein kleines Felskap voneinander getrennt, bieten ideale Bademöglichkeiten, eine gelassene Atmosphäre und allabendlich einen herrlichen Sonnenuntergang. Große Resorthotels und einfache Chaletanlagen reihen sich aneinander. Dazwischen offerieren Restaurants, Cafés, Souvenirshops, Reisebüros, Auto- und Mopedverleiher ihre Dienste. Ganz in der Nähe lohnen die **Underwater World** und das Reismuseum **Laman Padi** einen Besuch, beide › S. 81.

Im äußersten Westen liegen, umgeben von schroffen Berggipfeln, die malerischen Buchten von **Pantai Kok** Ⓓ und **Teluk Burau** Ⓔ. Am Pantai Kok erstreckt sich der Harbour Park in einer Lagune mit künstlicher Halbinsel, Badestrand und einem Leuchtturm.

An der Nordostküste führt eine Stichstraße zur **Teluk Datai** Ⓕ, wo

Erstklassi

zwei abgelegene Luxusresorts eine gute Ausgangsbasis für Naturbeobachtungen sind. Im Norden lockt **Tanjung Rhu** G: feiner Sandstrand, Schatten spendende Kasuarinen, bizarre Felsen im seichten Wasser und eine schroffe Bergkulisse. Am Ende der Straße kann man in Strandnähe baden (Vorsicht: weiter draußen gibt es **starke Strömungen**!), sich einen Kajak mieten oder in einfachen Lokalen Kokosnusssaft genießen.

### Hotels

**The Andaman**
**The Luxury Collection** ●●●
Gepflegt und vom Dschungel umgeben; interessantes Angebot für Naturfreunde.
- Datai-Bucht
- Tel. 04/959 1088
- www.theandaman.com

**Berjaya Langkawi Beach Resort** ●●●
380 Zimmer in Bungalows auf Stelzen im Meer oder zwischen Urwaldbäumen am Berghang; eigener Strand und Golfplatz.
- Teluk Burau
- Tel. 04/959 1888
- www.berjayahotel.com

**Four Seasons Resort** ●●●
Luxusresort am Strand mit neuester Technik und orientalischem Touch, das beste der Insel.
- Tanjung Rhu
- Tel. 04/950 8888
- www.fourseasons.com/langkawi

**Bon Ton Resort** ●●●
Acht über 100 Jahre alte traditionelle Holzhäuser, exklusiv designt, bieten höchsten Komfort und Privatheit in einer romantischen Anlage mit bestem Service. Ganz anders originell wohnen kann man in den acht Villen nebenan im Temple Street Resort wahlweise im chinesischen, malaiischen oder Kolonialstil. 5 Min. vom Strand entfernt.
- Jl. Pantai Cenang
- Tel. 04/955 3643
- www.bontonresort.com

**Meritus Pelangi Beach**
**Resort & Spa** ●●●
Große Luxusanlage im malaiischen Kampung-Stil mit geräumigen Chalets in einem Park unter Kokospalmen am Strand.
- Pantai Cenang
- Tel. 04/952 8888
- www.meritushotels.com

**Tanjung Sanctuary Langkawi** ●●●
Naturnahes Boutique-Resort im modernen Design. Villen im Wald, offenes Restaurant mit Bar und Terrasse über Felsen an einem bewaldeten Kap, eigener Sandstrand mit Beach-Bar.
- Tel. 04/952 0222
- www.tanjungsanctuary.com.my

**Tanjung Rhu Resort** ●●●
5-Sterne-Strandresort in tropischer Gartenanlage mit 2 Pools, Spa und Wassersportmöglichkeiten. Herrlicher feiner Sandstrand.
- Tanjung Rhu
- Tel. 04/959 1033
- www.tanjungrhu.com.my

**Beach Garden Resort** ●●
Freundliche, familiäre Anlage mit Biergarten unter deutscher Leitung. Im guten Bistro am Strand gibt's asiatische und europäische Gerichte.

TOP-TOUREN › Der Westen der Halbinsel › **Langkawi**  › Karte S. 82

- Pantai Cenang
- Tel. 04/955 1363
- www.beachgardenresort.com

### Sunset Beach Resort ●●

**Erst- klassig**

Der kreative Designer Jeffery Leong hat hier seinen Traum von einem kleinen Resort mit Bali-Atmosphäre auf einem schmalen Grundstück verwirklicht.
- Jl. Pantai Tengah
- Tel. 04/955 1751
- www.sungroup-langkawi.com/sunset

### The Cabin ●●

10 modern eingerichtete Zimmer in herausgeputzen Containern.
- Jl. Pantai Cenang
- Tel. 012/417 8499
- www.thecabin.com.my

### AB Motel ●

Einfache, saubere Zimmer und Chalets.
- Jl. Pantai Cenang
- Tel. 04/955 2300

## Restaurants

### La Sal @ Casa del Mar ●●●

An kleinen Tischen am Strand, die Füße im Sand, genießt man delikate Steaks, Seafood, internationale und malaiische Gerichte, Fackeln zaubern eine magische Atmosphäre.
- Im Hotel Casa del Mar
- Jl. Kedawang, Pantai Cenang
- Tel. 04-9552388

### Nam Restaurant im Bon Ton ●●●

**Erst- klass**

In dem stilvoll eingerichteten, luftigen Restaurant werden ausgezeichnete west-östliche und Nonya-Gerichte serviert. Gilt als bestes Restaurant der Insel.
- zwischen Pantai Cenang und Airport
- Abholservice unter Tel. 04/955 3643

### Laman Ria ●●

Ruhiges, freundliches Gartenrestaurant im Reismuseum (Laman Padi) mit einheimischen und japanischen Speisen.

### SEITENBLICK

#### Das Ende eines Fluches?

Einst wurde Prinzessin Mahsuri, des Ehebruchs für schuldig befunden, zum Tode verurteilt. Als bei ihrer Hinrichtung aus der Wunde weißes Blut zum Zeichen ihrer Unschuld floss, erkannte man den tragischen Irrtum. Vor ihrem Tod verfluchte Mahsuri die kommenden sieben Generationen. Und tatsächlich, über Jahrhunderte fristeten die Menschen Langkawis ein tristes Dasein. Nach nunmehr sieben Generationen schien der Fluch ausgestanden zu sein. Die Regierung beschloss, die Insel zum Tourismuszentrum auszubauen und erklärte sie 1987 zum zollfreien Gebiet. Die Hauptinsel erhielt Asphaltstraßen, Strom- und Wasserversorgung, einen internationalen Flughafen und ein neues Fährterminal. Immer zahlreicher entstanden die Hotels in Kuah und an den Stränden.

Aber der Tourismus hat auch Kehrseiten: zunehmender Autoverkehr auf der Insel, trübes Wasser und Küstenerosion durch Landaufschüttungen und den Bau von Wellenbrechern, gesichtslose Bettenburgen und Investitionsruinen an malerischen Stränden. Sollte der Fluch der Prinzessin Mahsuri vielleicht weiterhin seine Wirkung zeigen?

## Langkawi, Ausflüge ‹ Der Westen der Halbinsel ‹ TOP-TOUREN

- Pantai Cenang
- Tel. 04/955 4418

**Sun Cafe** ●●
Die Karte hat für jeden etwas, moderate Preise. (› Sunset Beach Resort).
- Pantai Tengah
- Tel. 04/955 8300

**Sheela's** ●
Malaiisches Seafood und europäische Gerichte.
- Pantai Tengah, gegenüber dem Langkawi Village Resort.
- Mo geschl.

### Ausflugsziele auf der Insel

Die Seilbahn führt vom Oriental Village auf den Gunung Machincang

**Erst-klassig** Per Mietwagen oder Moped kann man die Insel bequem erkunden. Mietwagenfirmen sind in den großen Hotels vertreten, Mopedverleiher an den Stränden und in Kuah (25–30 RM/Tag; Helmpflicht!). Fachkundig geführte Mangroven- und Dschungeltouren in den ursprünglichen Regenwald bietet u.a. Irshad Mobarak (www.junglewalla.com) an.

8 km westlich von Kuah zweigt rechts eine Straße zum **Grabmal der Prinzessin Mahsuri** ❶ (› S. 80) ab. Neben dem als Pilgerstätte verehrten Grab ist ein schönes Bauernhaus im regionalen Baustil zu besichtigen (tgl. 8–18.30 Uhr).

Zurück auf der Hauptstraße geht es nach von Padang Matsirat. Am Ortseingang können Sie im **Atma Alam Batik Art Village** ❶ kunsthandwerkliche Erzeugnisse zu günstigen Festpreisen ergattern. Nach telefonischer Anmeldung können Sie hier auch Batikkurse machen (Tel. 04/955 1227, www.atmaalam.com, tgl. 9–18 Uhr). **Erst-klassig**

Am Südende des **Pantai Cenang** ❸ lockt das Meeresaquarium *Underwater World mit einheimischen Meeresbewohnern sowie Bewohnern des südafrikanischen Regenwalds und der Polargebiete (tgl. 10–18 Uhr, 38 RM, www.underwaterworldlangkawi.com.my). Nördlich des Pantai Cenang wird rings um das kleine **Laman Padi** (Reismuseum) Reis ausgepflanzt und geerntet; zu erkunden ist auch ein kleiner Heilkräutergarten (tgl. 9 bis 18 Uhr, Eintritt frei).

In der Bucht **Teluk Burau** ❺ liegt das **Oriental Village** (www.orientalvillage.my), ein weitläufiger Park rings um einen See mit mehreren Restaurants, Essensständen und Duty-Free- und Souvenirshops, ein Hotel sowie das **Geopark Info Centre**, ein nicht nur für Geologen interessantes Museum über die erdgeschichtliche Entwicklung der Insel (tgl. 10–18 Uhr). Die meisten Besucher fahren mit der Seilbahn auf den **Gunung Machincang**, mit 708 m der zweithöchste Berg der Insel (30 RM für beide Wege). Oben bietet sich von Metallplattformen und einer 125 m langen Skybridge, 100 m hoch über den Bäumen, eine herrliche **\*\*Aussicht** (www.panoramalangkawi.com). Nur wenige Kilometer landeinwärts verlockt der Wasserfall **Telaga Tujuh** J zum Wandern und einem erfrischenden Bad.

**Erstklassig**

Im Norden der Insel, zwischen Padang Lalang und der weithin sichtbaren Zementfabrik, erhebt sich oberhalb des schwarzen Strandes Pasir Hitam das Kunsthandwerkszentrum **Kompleks Kraf Langkawi** K (Tel. 04/959 1913, tgl. 10 bis 18 Uhr), wo man am Wochenende Batikmalern, Glasbläsern, Webern und anderen Kunsthandwerkern zusehen und ihre Produkte kaufen kann. Das Angebot reicht von moderner Seidenbatik und Silberschmuck bis zu Massenware (auf vielen Märkten billiger zu haben).

Im hinteren Bereich werden im Heritage Museum die Traditionen und Geschichte der Insel präsentiert. In einem zweiten Museum, das Hochzeitsbräuchen gewidmet ist, kann man sich Festtagskleidung ansehen.

### Langkawi

- A Kuah
- B Pantai Cenang
- C Pantai Tengah
- D Pantai Kok
- E Teluk Burau
- F Teluk Datai
- G Tanjung Rhu
- H Grabmal der Prinzessin Mahsuri
- I Atma Alam Batik Art Village
- J Telaga Tujuh
- K Kompleks Kraf Langkawi

## Info

**Tourism Malaysia**
- Jl. Persiaran Putera
- Kuah
- Tel. 04/966 7789
- Tgl. 9–17 Uhr
- tourismlangkawi.com
- Zweigstellen an der Jetty und im Flughafen (tgl. 9–23 Uhr).

## Verkehr

- **Flugzeug:** Flughafen (Tel. 04/ 955 1311) im Westen der Insel bei Padang Matsirat, unweit des Cenang-Strandes. In der Ankunftshalle werden Coupons für Taxis verkauft. Flüge u.a. nach Kuala Lumpur, Penang und Singapur, Air Asia nach Kuala Lumpur und Singapur.
- **Taxi:** Auf Langkawi fahren keine öffentlichen Busse, aber zahlreiche Taxis und Minibusse zu Festpreisen. Sie können auch für 25 RM pro Std. (Minimum für 4 Std.) gechartert werden.
- **Schiff:** Vom Jetty Point Terminal bei Kuah fahren Fähren nach Kuala Kedah, dem Fährterminal auf dem Festland, ferner in den Norden nach Kuala Perlis und nach Georgetown.

## Ausflüge zu
# Nachbarinseln

Hotels und Reisebüros bieten Tagesausflüge zu vielen Nachbarinseln an. Auch abendliche Sunset Cruises durch die abwechslungsreiche Inselwelt sind zu empfehlen, zum Beispiel mit der Segeljacht von Rampant Sailing (Tel. 012/591 5836, www.rampantsailing.com).  `[Erst-klassig]`

\*Dayang Bunting, die »Insel des schwangeren Mädchens«, ist die zweitgrößte Insel des Archipels. Hauptattraktion ist ein Süßwassersee, auf dem Pontons schwimmen, in denen auch Nichtschwimmer baden gehen können. Aber Achtung – einer alten Legende nach verfügt der See über magische Kräfte: Kinderlose Paare sollen angeblich nach einem Bad in seinem Wasser auf Nachwuchs hoffen dürfen.  `[Erst-klassig]`

### Hoch hinaus – die besten Aussichtspunkte  `[Erst-klassig]`

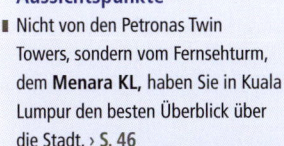

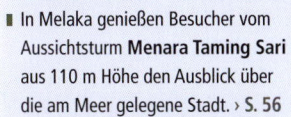

- Nicht von den Petronas Twin Towers, sondern vom Fernsehturm, dem **Menara KL,** haben Sie in Kuala Lumpur den besten Überblick über die Stadt. › S. 46
- In Melaka genießen Besucher vom Aussichtsturm **Menara Taming Sari** aus 110 m Höhe den Ausblick über die am Meer gelegene Stadt. › S. 56
- Eine glänzend neue Zahnradbahn fährt seit 2011 wieder auf den **Penang Hill** hinauf. Wenn die Sonne untergegangen ist, liegt Ihnen die erleuchtete Stadt Georgetown zu Füßen. › S. 74
- Auf Langkawi wird die aufregende Fahrt mit der Seilbahn vom Oriental Village auf den **Gunung Machincang** durch den Ausblick über die dschungelbedeckten Berge noch übertroffen. › S. 82
- Unübertroffen ist der Ausblick vom höchsten Gipfel de Landes, dem 4095 m hohen **Gunung Kinabalu,** den Sie mit guter Kondition in 2–3 Tagen besteigen können. › S. 130

Die Gewässer um die kleine Insel **Payar,** auf halbem Weg zwischen Langkawi und Penang, wurden zum Schutz der Korallenriffe zum **Marine Park** erklärt. Für Taucher und Schnorchler werden Tagestouren von Langkawi aus angeboten.

## Alor Setar ⑫

Die Hauptstadt (300 000 Einw.) des Bundesstaates Kedah ist Zentrum des landwirtschaftlich geprägten Nordwestens. Die **\*Zahir-Moschee** (1912) im Stadtzentrum zählt zu den schönsten islamischen Gotteshäusern des Landes, im maurisch-indischen Mischstil mit feinen Details und dezenter Farbgebung. Ein architektonisches Kuriosum ist das separat gelegene Hauptminarett in Form eines Uhrturms. Gegenüber steht die **Balai Besar,** die »Große Halle«, 1898 als zweigeschossige Holz-Eisen-Konstruktion errichtet – das Ergebnis ist eines der schönsten Beispiele malaiischer Architektur. Im achteckigen Turmbau des **Balai Nobat** werden die Musikinstrumente des königlichen Zeremonienorchesters aufbewahrt.

Vom 165 m hohen **Telekom-Turm** (Menara) im Zentrum kann man die Aussicht über Alor Setar und das Umland genießen – entweder von der Aussichtsplattform oder vom Drehrestaurant aus (www.menaraalorstar.com.my, Sa–Do 9 bis 22 Uhr). Das informative **Reismuseum** (Muzium Padi), 8 km nördlich der Stadt inmitten der Reisfelder, wirkt etwas überdimensioniert (tgl. 9–17 Uhr).

### Info

**Tourism Malaysia**
- Kompleks Pelancongan Negeri Kedah
- Jl. Raja
- Tel. 04/731 2322
- So–Mi 9–13, 14–15.30 Uhr

### Verkehr

- **Flüge:** Mehrmals tgl. mit Air Asia und MAS nach Kuala Lumpur.

Die Zahir-Moschee in Alor Setar zählt zu den schönsten des Landes

- **Bahn:** Täglich mit dem International Express nach Bangkok; zudem verkehrt der Langkawi Express nach Kuala Lumpur und Hat Yai (Thailand).

### Hotels
**Holiday Villa** ●●
Solides 4-Sterne-Hotel über dem City-Plaza-Einkaufszentrum mit Restaurants, Fitnesscenter und Pool.
- 163, Jalan Tunku Ibrahim
- Tel. 04/734 9999
- www.holidayvillahotelalorstar.com

**The Regency** ●●
Das 3-Sterne-Businesshotel ist zentral gelegen und wurde komplett renoviert.
- 134-141 Jalan Sultan Badli Shah
- Tel. 04/733 5917
- www.theregency.com.my

### Restaurant
**Kew Leong** ●●
Großes klimatisiertes chinesisches Restaurant, in dem häufig Familienfeiern stattfinden.
- Jl. Kg. Perak neben der Sentosa Mall

## Cameron Highlands 13

Entdeckt wurde das Hochland 1885 vom Landvermesser William Cameron. Die Engländer erkannten die Vorzüge des Höhenklimas und förderten den Ausbau des Berglandes zu einer *hill station*. Und noch heute fühlt man sich hier nach England versetzt: Bunte Blumengärten, ein gepflegter Golfplatz und verbliche Landhäuser sowie neue Hotels im Tudorstil verbreiten das entsprechende Ambiente, allen voran das Ye Olde Smokehouse › **S. 87**.

Neben Tee gedeihen Gemüse, Obst- und Blumen, die die Hitze im Tiefland nicht mögen, in der kühleren Bergluft prächtig – Erdbeer- und Gemüsefelder sowie Rosengärten sind die Bestätigung. An Straßenständen und in zahlreichen Farmen werden die landwirtschaftlichen Erzeugnisse angeboten. Die frische Ware wird bis nach Kuala Lumpur und Singapur geliefert.

Hauptort des Hochlands ist **Tanah Rata**, das den geruhsamen Charme eines Erholungsortes ausstrahlt. Hier konzentrieren sich Hotels und Restaurants, die von westlichen Gästen besucht werden. Mit dem eigenen Wagen oder mit einer organisierten Tour sind von Tanah Rata aus verschiedene Tagesausflüge möglich.

Von den vier Boh-Teeplantagen in den Highlands lohnt vor allem die **\*\*Sungai Palas Boh Tea Estate** (Di–So 9–16.30 Uhr, www.boh.com.my) einen Besuch. Saftig-grüne, von Teepflanzen bedeckte Hügel umrahmen das Dorf der Plantagenarbeiter. Weiter oberhalb, am Ende der Straße, kann man in einer Fabrik hinter großen Glasscheiben die Verarbeitung der Teeblätter beobachten. Das Tea Centre nebenan ist schon allein wegen seiner modernen Architektur einen Besuch wert. Es beheimatet ein kleines Museum, einen Shop und ein Café, in dem man bei einem Tee die Aussicht auf die sattgrünen Hügel genießen kann.

Von den Sungai Palas Boh Tea Gardens verläuft die schmale Asphaltstraße weiter hinauf auf den

*Erstklassig*

TOP-TOUREN › Der Westen der Halbinsel › **Cameron Highlands** › Karte S. 67

Grün, so weit das Auge reicht: in den Cameron Highlands

höchsten Berg **Gunung Brinchang** mit einem Aussichtsturm und einem Plankenweg durch den Mooswald, ein wahrhafter Märchenwald.

Beliebte Ausflugsziele sind auch die **Schmetterlingsfarmen** (u.a. Butterfly Garden, tgl. 8–18 Uhr) nördlich von Brinchang, wo einen die Vielfalt tropischer Schmetterlinge und Insekten unter aufgespannten Netzen ins Staunen versetzt, außerdem der chinesische **Sam-Poh-Tempel** unterhalb von Brinchang. In der **Galeria Time Tunnel**, 1,5 km nördlich von Brinchang, wird die Geschichte der Cameron Highlands durch eine auch für Familien interessante Ausstellung zum Leben erweckt (www.timetunnel.cameronhighlands.com, tgl. 8.30–18 Uhr).

**Erstklassig** In der kühlen Bergwelt der Cameron Highlands wandert es sich gut. Durch die abwechslungsreichen Hochlandwälder verlaufen etwa ein Dutzend markierter Pfade. Da aber viele der publizierten Karten ungenau sind, sollte man sich vor dem Start genau über den Weg informieren oder einen Guide engagieren. Keine besondere Fitness ist für den Weg zum **Robinson-Wasserfall** oder den Weg 4 zum **Parit-Wasserfall** und weiter zum Golfplatz erforderlich. Etwas bessere Kondition erfordert Weg 10 auf den **Gunung Jasar** hinauf. Vorsicht ist auf dem Weg 2 geboten: Da von ihm viele Fußwege der Orang Asli abzweigen, haben sich dort schon einige Wanderer verlaufen.

### Verkehr

**Busse** und **Taxis** von Kuala Lumpur fahren via Tapah und auf der alten, kurvenreichen Straße in 4 bis 5 Std. hinauf in die Highlands. Von Norden geht es schneller über die neue Fernstraße, die südlich von Ipoh ins Landesinnere abzweigt, sodass die Cameron Highlands von Ipoh aus in 2 Std. erreicht sind.

## Hotels

### Cameron Highlands Resort ●●●
*erst-klassig* — Gepflegter Luxus in historischem Umfeld, 56 im eleganten britischen Kolonialstil gestaltete Zimmer mit Blick auf den Golfplatz.
- zwischen Tanah Rata und Brinchang
- Tel. 05/491 1100
- www.cameronhighlandsresort.com

### Strawberry Park Resort ●●●
Großes, beliebtes Hotel für Pauschalreisende in einem Park auf einem Berg oberhalb des Golfplatzes.
- Tel. 05/491 1166
- www.strawberryparkresorts.com

### Ye Olde Smokehouse ●●●
Boutiquehotel in einem Landhaus aus den 1930er-Jahren im Tudorstil. Die *erst-klassig* 20 Zimmer sind gediegen und exklusiv eingerichtet. Das Restaurant bietet britische Küche bei Kerzenschein und Kaminfeuer und ist auch für Gäste von außerhalb geöffnet.
- kurz vor dem Golfplatz
- Tel. 05/491 1215
- www.thesmokehouse.com.my

### Century Pines Resort ●●–●●●
Solides Hotel im Zentrum von Tanah Rata, Deluxe-Zimmer mit geräumigen Zimmern und freundlichem Personal.
- 42 Jl. Masjid
- Tel. 05/491 5115
- centuryresort-cameronhighlands.com

### Heritage Hotel ●●–●●●
Das 238 Zimmer große Hotel im Neo-Tudorstil liegt auf einem Hügel am Ortseingang, 10 Gehminuten zur Stadt, mit herrlicher Aussicht. Tipp: Buchen Sie ein Deluxe-Zimmer im neuen Block mit Balkon und moderner Ausstattung.
- JL Gereja
- Tel. 05/491 3888
- www.heritage.com.my

### SEITENBLICK

#### Aromatische Ernte

Seit 1926 wird in den Cameron Highlands Tee angebaut, der im milden und regenreichen Höhenklima ausgezeichnet gedeiht. Die Engländer holten billige Arbeitskräfte aus Indien ins Land, die heute überwiegend von Gastarbeitern aus Indonesien abgelöst wurden. Geerntet wird das ganze Jahr über – es sind überwiegend Frauen, die die frischen Teeblätter pflücken und in die Fabrik bringen. Dort wird den grünen Blättern mittels Heißluftgebläse die Feuchtigkeit entzogen. Dann werden sie maschinell gerieben, gerollt und zerkleinert. Durch die dabei freigesetzten Gerbstoffe erhält der Tee seinen typischen, leicht bitteren Geschmack. Aus einem Kilo frischer Blätter werden schließlich 200 Gramm schwarzen Tees.

Die bekannteste Teemarke der Cameron Highlands ist *Boh – best of highlands* (www.boh.com.my). Die Produktion reicht schon für die Inlandsnachfrage nicht aus, sodass Tee eingeführt werden muss. Malaysischen Tee wird man deshalb im Ausland vergebens suchen. Auf den Plantagen und in zahlreichen Geschäften wird die Rarität aber verkauft.

TOP-TOUREN › Der Westen der Halbinsel › **Cameron Highlands, Pangkor** › Karte S. 67

## Restaurants

In Tanah Rata haben sich preiswerte Lokale mit malaiischer, indischer und chinesischer Küche niedergelassen, viele an der Jalan Besar und am Ortseingang. Herausragend ist keines. **Erstklassig** Dank des kühlen Klimas ist das Gericht Steamboat sehr beliebt › S. 37. Wer auf gute Küche Wert legt, fährt nach Brinchang. Gutes Steamboat im **Kowloon Hotel** am zentralen Platz ●. Vegetarisches Bio-Steamboat bei **HO Organic Farm** oder **Cameron Organic Produce,** 5 bzw. 10 Bandar Baru. ●

### SEITENBLICK

#### Hill Stations

Als zu Beginn des 20. Jhs. die Bergwelt im Hinterland durch Straßen erschlossen wurde, eröffneten sich den hitzegeplagten englischen Verwaltungsbeamten, Minen- und Plantagenaufsehern völlig neue Möglichkeiten. In den kühlen Bergen entstanden prächtige Landhäuser und gepflegte Golfplätze – und sogar das Wetter gibt sich ziemlich englisch. Die erste kleine Hillstation war **Maxwell Hill** (Bukit Larut) bei Taiping – in der man heute wohnen und eine schöne Aussicht genießen kann –, die größten sind die noch heute beliebten Urlaubsziele **Fraser's Hill** und vor allem die **Cameron Highlands.** Nostalgiker sollten es dort nicht versäumen, die **Galeria Time Tunnel,** 1,5 km nördlich von Brinchang, zu besuchen. Im privaten Museum lässt Mr. See die goldenen Jahre der Highlands zur Zeit der britischen Kolonialherrschaft wieder aufleben.

## Pangkor 🔟

Das Innere der nur 12 km langen und 4 km breiten Insel ist gebirgig und von dichtem Regenwald bedeckt – Lebensraum für die prächtigen Nashornvögel und ein Paradies für Vogelfreunde. Traditionell leben die Inselbewohner vom Fischfang. Die meisten der kleinen Fischerdörfer liegen an der Ostküste. In **Kampung Pangkor** gibt es einige wenige Geschäfte, Bank, Post und eine Krankenstation. Nahe der Südspitze sind in **Teluk Gedung** noch Überreste des holländischen Forts Kota Belanda erhalten, das die Vereenigde Oostindie Companie (VOC) Ende des 17. Jhs. zum Schutz ihrer Handelsschiffe gegen Piratenüberfälle errichtete.

Die Badestrände liegen an der Westküste zum offenen Meer hin: **Pantai Pasir Bogak, Teluk Nipah** und **Golden Sand Bay.** Sie bieten zahlreiche Unterkünfte – von einfachen Strandhütten bis zu luxuriösen Resorts. Aufgrund der nahe liegenden Mangrovenküste und der Flussmündungen ist das Meerwasser um die Inseln herum nicht gerade für seine Klarheit berühmt. Bei ruhiger See kann man vor der kleinen Insel Giam schnorcheln. Dennoch ist Pangkor eine vor allem bei Einheimischen beliebte Ferieninsel.

Die kleine Schwesterinsel **Pangkor Laut** ist ausschließlich Gästen des exklusiven Luxusresorts gleichen Namens vorbehalten. In der Hauptsaison – während der malaysischen Schulferien › S. 16, an langen Wochenenden und Feierta-

Pangkor ist eine auch bei Einheimischen beliebte Ferieninsel

gen – sollten Sie daher besser nicht ohne Vorausbuchung eines Zimmers losfahren.

#### Info

**Tourist Information Office**
Infos über Unterkünfte auf Pangkor.
- in Lumut am Eingang des Fährterminals
- Tel. 05/683 4057
- www.pulau-pangkor.com
- Tgl. 9–17.30 Uhr

#### Verkehr

- **Flugzeug:** Das kleine Flugfeld auf Pangkor wird in der Hauptsaison von Berjaya mit kleinen Maschinen ab Kuala Lumpur (Subang Airport) angeflogen.
- **Schiff:** Fähren halbstündlich von 7–19 Uhr von Lumut auf dem Festland nach Pangkor und 5-mal tgl. zum Pangkor Laut Resort auf Pangkor Laut. Zu den vorgelagerten kleineren Inseln und abgelegenen Stränden können kleine Boote gechartert werden.
- **Minibustaxi:** Auf der Insel verkehren zahlreiche pinkfarbige Minibus-Taxis. Fix-Preise für eine Fahrt vom Pier zu den Stränden, alle anderen Strecken müssen ausgehandelt werden.

#### Hotels

**Pangkor Laut Resort** ●●●
Das exklusive Resort ist das einzige auf der kleinen Privatinsel Pangkor Laut – eines der besten des Landes und inmitten üppiger Vegetation. Bei 6 Restaurants kommt auch kulinarisch keine Langeweile auf. Ein Teil der Häuser ist auf Stelzen ins Wasser gebaut.

*Erst-I klassig*

- Pangkor Laut
- Tel. 05/699 1100
- www.pangkorlautresort.com

**Pangkor Island Beach Resort** ●●●
Große Anlage auf der Hauptinsel mit Golfplatz, Wassersportmöglichkeiten, mehreren Restaurants und eigener Fähranlegestelle.
- Golden Sand Bay im Norden von Pangkor

- Tel. 05/685 1091
- www.pangkorislandbeach.com

**Tiger Rock** ●●●
Ein wahres Kuschelhotel eingebettet in einer romantischen Gartenanlage im Dschungel, nicht weit vom Strand entfernt mit 7 Zimmern und Studios, die von Künstlerin Rebecca sehr privat und individuell eingerichtet sind. Die Exklusivität hat aber ihren Preis. Angemeldete Tagesbesucher genießen das kleine Paradies mit Tiffin Curry auf Bananenblatt, hausgemachten Eistees, Führung und Poolbenutzung für 150 RM.
- Tel. 05/685 111
- www.tigerrock.info

**Anjungan Beach Resort** ●●–●●●
Moderne Anlage am nördlichen Strandende mit Pool. Alle Zimmer mit Balkon oder Terrasse.
- Teluk Nipah
- Tel. 05/685 1500
- www.anjunganresortpangkor.com

**Nipah Bay Villa** ●●
Einfache, saubere Bungalowanlage mit unterschiedlichen Zimmern und Restaurant.
- Teluk Nipah
- Tel. 05/685 2198
- www.nipahbay.com

### Restaurants

**Daddy's Café** ●●
Strandrestaurant mit leckeren westlichen und einheimischen Gerichten.
- Coral Bay (nördlich von Teluk Nipah)

Zudem **Yee Lin** in Pasir Bogak und **Pangkor Village Seafood** in Kampung Pangkor. Beide ●.

# Ipoh 15

Ipoh ist mit 705 000 Einwohnern eine der größten Städte Malaysias und das moderne Wirtschaftszentrum des Bundesstaates Perak. Namengebend war der Ipoh-Baum, eine Gummibaumart, die früher hier weit verbreitet war. Sein Saft ist giftig und wurde von der Urbevölkerung, den Orang Asli, auf die Spitze der Blasrohrpfeile gestrichen, mit denen sie auf Jagd gingen.

## Die Altstadt

In der Altstadt westlich des Kinta-Flusses konzentrieren sich die noch gut erhaltenen Prachtgebäude aus britischer Kolonialzeit. Dem Bahnhof, 1917 im maurischen Stil erbaut, [Erstklass] stehen das **Gerichtsgebäude** und das **Rathaus** (*Dewan Bandaraya*) mit dem Uhrturm gegenüber. Nördlich davon erstreckt sich die Rasenfläche des Padang, eingerahmt von der neugotischen **St.-Michaels-Schule**, repräsentativen Bankgebäuden, der **India-Moschee** und dem **Royal Ipoh Club**, in seiner gesellschaftlichen Bedeutung dem Selangor Club in Kuala Lumpur › **S. 47** vergleichbar. Östlich des Flusses bildet der große Zentralmarkt den Mittelpunkt der [Erstklassi] geschäftigen Chinatown.

## Höhlentempel

In den imposanten Kalksteinfelsen nahe Ipoh haben sich Tropfsteinhöhlen gebildet, die im 20. Jh. teilweise zu buddhistischen Höhlentempeln ausgestaltet wurden, [Erstklassi] darunter der **Sam-Poh-Tong-Tempel**, 6 km südlich von Ipoh. Die zahlreichen Altäre sind mit teilweise vergoldeten Statuen geschmückt.

Im Garten vor dem angrenzenden **Lin-Sen-Tong**-Tempel wird eine große Statue der Göttin der Barmherzigkeit, Kuan Yin, von kleineren Figuren umrahmt.

Im **\*Perak-Tong-Tempel,** 6 km nördlich der Stadt, thront inmitten einer Tropfsteinhöhle auf einer Lotosblüte eine 15 m hohe Buddhafigur, beschützt von überlebensgroßen Statuen der vier chinesischen Himmelskönige. Berühmt ist der Tempel vor allem für seine außergewöhnlich schönen Wandmalereien mit Motiven chinesischer Volkssagen und Kalligraphien namhafter Meister aus Malaysia und Taiwan.

st-l assig

### Info

**Ipoh Tourist Office**
- Jl. Tun Sambanthan
- Tel. 05/208 3155
- Mo–Do 8–13, 14–17 Uhr, Fr 8–12.15, 14.45–17 Uhr
- www.peraktourism.com

### Verkehr

- **Bahn:** Ipoh liegt an der Bahnstrecke Kuala Lumpur–Butterworth. Hinter der riesigen luxussanierten Bahnhofshalle verkehren 4 Fernzüge tgl. in Richtung Kuala Lumpur und Butterworth, davon einer nach Singapur und Hat Yai sowie Shuttlezüge nach K.L.
- **Bus:** Vom Busbahnhof Medan Kidd an der Jalan Tun Abdul Razak im Süden der Innenstadt fahren Busse und Überlandtaxis ins Umland. Fernbusse verkehren ab Terminal Bas Ekspres in Medan Gopeng, 5 km südöstlich des Zentrums an der Straße nach Kuala Lumpur (dorthin mit dem Taxi). Von dort mehrmals täglich nach Kuala Lumpur, Penang, Kota Bharu, Melaka, Johor Bahru, in die Cameron Highlands und nach Lumut, dem Fährhafen für die Überfahrt nach Pangkor.

### Hotels

**Banjaran Hot Springs Retreat** ●●●
Die 25 Villen mit Privat-Pool sind Rückzugsort in einer bezaubernden Dschungellandschaft mit Luxus vom feinsten.

Der Buddha im Perak-Tong-Tempel bei Ipoh ist 15 m hoch

Bis zu 45 °C heiße Quellen, Luxus-Spa auch mit holistischen asiatischen Anwendungen helfen beim Regenerieren. Einzigartig der Weinkeller Jeff's Cave in einer Tropfsteinhöhle.
- 1 Persiaran Lagun Sunway 3
- Tel. 05/210 7777
- www.thebanjaran.com

**Indulgence Restaurant and Living** ●●●
7 wunderschön gestaltete Themenzimmer in einem Kolonialgebäude, hervorragende Küche.
- 14 Jl. Raja Dihilir
- Tel. 05/255 7051
- indulgencerestaurant.com.my

**French Hotel** ●●
Das Hotel liegt mitten in der Stadt, die Zimmer sind geräumig, sauber und ansprechend eingerichtet und bieten ein gutes Preis-Leistungs-Verhältnis.
- 60-62 Jl. Dato Onn Jaafar
- Tel. 0 5/241 3030

**Regalodge Hotel** ●●
Gut ausgestattete 86 nette Zimmer zu einem ebenfalls guten Preis und aufmerksames Personal zeichnen dieses renovierte Haus aus.
- 131 Jl. Raja Ekram
- Tel 05/242 5555
- www.regalodge.com.my

### SEITENBLICK

#### Zinn

Was Klondike und Yukon River für Alaska, waren die Flüsse Kelang und Kinta für Malaysia. Nur dass an deren Ufern nicht Gold die Menschen um ihren Verstand brachte, sondern ein anderes Metall: Zinn. Bereits vor über 500 Jahren wurde im Land das silbrig glänzende Metall aus dem schlammigen Boden gefördert. Aber erst im 19. Jh. begann der große Ansturm auf die Lagerstätten. Tausende von Arbeitskräften, die meisten aus dem fernen China, wurden von den Briten ins Land gelockt. Zunächst wusch man das Metall mit Schüsseln aus dem Flussbett, eine Knochenarbeit im feuchtheißen Tieflandklima. Es dauerte nicht lange, und der Hunger der Weltwirtschaft nach Zinn – allein die aufkommende Konservenindustrie brauchte Unmengen davon – machte den Einsatz riesiger Schwimmbagger nötig. Mit ihren mächtigen Schaufelrädern beförderten diese Kolosse das zinnhaltige Gestein aus überfluteten Tagebaugruben an die Oberfläche. Noch zu Beginn der 1980er-Jahre war Malaysia mit über 30 % der Weltfördermenge der größte Zinnproduzent der Welt.

Mit sinkender Nachfrage nach Rohzinn stürzte der Weltmarktpreis allerdings ins Bodenlose ab, sodass die Minen unrentabel wurden und stillgelegt werden mussten. In den verlassenen Gruben bildeten sich durch Grund- und Regenwasser zahlreiche Seen und Tümpel. Teilweise wurde das Gelände aufwendig rekultiviert oder bebaut. Oftmals blieben aber auch ökologisch tote Mondlandschaften mit giftigen Abraumhalden und verseuchtem Grundwasser zurück. Ein Erbe des Industriezeitalters, mit dem sich kommende Generationen noch herumschlagen müssen.

**Kuala Kangsar** ‹ Der Westen der Halbinsel ‹ TOP-TOUREN

Wie im Märchen: die Ubudiah-Moschee in Kuala Kangsar

### Restaurants

Da über 70 % der Einwohner Ipohs Chinesen sind, dominieren hier chinesische Restaurants. Bereits früh am Morgen werden in zahlreichen einfachen Restaurants rings um das Excelsior Hotel dampfende Dim Sum (Vorspeisen) serviert. Abends isst man auch gut an den zahlreichen Essensständen am Straßenrand.

#### Oversea ●●
Großes chinesisches Restaurant, u. a. hervorragendes Seafood.
- Jl. Seenivasagan, schräg gegenüber dem Excelsior-Hotel
- Tel. 05/253 8005

st-! ässig

#### Restoran Foh San ●
Klassisches Dim-Sum-Lokal: Schon morgens (10–15 Uhr) fahren Wägelchen die dampfenden Teigtaschen mit ihren unterschiedlichen köstlichen Füllungen in Bastkörbchen zu den Tischen.
- 51 Jl. Leong Sin Nam
- Tel. 05/254 0308

## Kuala Kangsar 16

Hauptattraktion des herausgeputzten Sultansstädtchens mit rund 40 000 Einwohnern ist die **\*Ubudiah-Moschee.** 1913 nach Plänen eines indischen Architekten erbaut, gleicht sie mit ihren Türmchen, Minaretten und der mächtigen goldenen Zwiebelkuppel einem Märchen aus Tausend-und-einer-Nacht. Italienischer Marmor verleiht dem Bauwerk Eleganz. Das Innere (außerhalb der Gebetszeiten in angemessener Kleidung zu besichtigen) ist vergleichsweise schlicht. Unterhalb der Moschee liegt das Mausoleum der Sultansfamilie.

Erst-! klassig

Von einem Hügel oberhalb der Moschee überblickt der Sultanspalast **Istana Iskandariah** (nicht zu besichtigen) das Flusstal. **Istana Kenangan,** der alte Holzpalast 200 m südlich, wurde im malaiischen Stil ohne einen einzigen Metallnagel errichtet. Das darin untergebrachte

TOP-TOUREN › Der Westen der Halbinsel › **Kuala Kangsar, Taiping**

› Karte S. 67

Royal Museum ist bis auf Weiteres geschlossen. Ein weiterer wunderschöner Palast wurde liebevoll restauriert für die **Galeri Sultan Azlan Shan** (Tel. 05/777 5362, Sa–Do 10 bis 17, Fr 10–12.15, 14.45 bis 17 Uhr). Hier hat der Sultan viele persönliche Erinnerungen sowie wertvolle Geschenke, die er zum Anlass seines silbernen Thronjubiläums erhielt, ausgestellt.

### Verkehr

- **Bahn:** Vom Bahnhof westlich der Stadt 4 Züge tgl. in Richtung Kuala Lumpur und Butterworth, davon einer in der Nacht über Singapur nach Hat Yai.
- **Bus:** Von der Busstation im Zentrum lokale Busse nach Ipoh und Taiping, Expressbusse nach Kuala Lumpur. Zudem Überlandtaxis.

### Hotels

Kuala Kangsar hat keine empfehlenswerte Auswahl an Hotels, suchen Sie ihre Unterkunft besser in Ipoh › S. 90 oder in Taiping.

**Rumah Rehat (Gov. Resthouse)** ●●
Auf einem Hügel über der Stadt, schöne Aussicht von den VIP-Zimmern.
- Jl. Istana
- Tel. 05/776 4262

## Taiping [17]

Die Zinnvorkommen lockten seit Mitte des 19. Jhs. Arbeitskräfte aus China in die Region. Zinnabbau und -handel wurden zum wirtschaftlichen Rückgrat der Stadt (220 000 Einw.). Am Nordrand der Innenstadt sind noch einige Bauten aus der britischen Kolonialzeit erhalten. Im östlichen Teil der großzügig angelegten **Lake Gardens** an der Jalan Taming Sari (auf dem Gelände einer ehemaligen Zinngrube) ist der **Taiping-Zoo** mit für asiatische Verhältnisse weitläufigen Gehegen untergebracht (tgl. 8.30–18 Uhr, 12 RM), lohnende Nachtsafari (20 bis 23, Sa bis 24 Uhr, 16 RM, www.zootaiping.gov.my). **Erstklas**

Weiter im Norden, ebenfalls an der Jalan Taming Sari, befindet sich das ***Perak-State-Museum**. Das älteste Museum des Landes informiert über Archäologie, Geschichte, Volksgruppen und Fauna (Sa bis Do 9–17, Fr 9–12.15 und 14.45 bis 17 Uhr). Geländewagen fahren die steile Straße auf den **Bukit Larut** (Maxwell Hill) hinauf, ein beliebtes Naherholungsgebiet in über 1100 m Höhe. **Erstklas**

### Hotels

**Kama Lodge Resort** ●–●●
Zimmer in 1- und 2-stöckigen Häusern mit TV und Wasserkocher, kleiner Pool, gut für Kinder.
- Jl. Bukit Larut, nahe Taiping Lake Gardens
- Tel. 05/806 1777

**Legend Inn** ●
Komfortables Businesshotel im Zentrum.
- 2 Jl. Long Jaafar
- Tel. 05/806 0000
- www.legendinn.com

*Es gibt sie noch, die schönen Strände auf Pulau Perhentian*

# Die Ostküste und der Taman Negara

## Das Beste!

- Bei einem Besuch im Gelanggang Seni in Kota Bharu einen Eindruck von der malaiischen Alltagskultur erhalten › S. 98
- Auf Pulau Perhentian von Strand zu Strand spazieren und die vorgelagerten Korallenriffe erkunden › S. 100
- Im Museum State in Kuala Terengganu die Schätze der Sultane und eine hervorragende Textilsammlung bewundern › S. 102
- Sich auf dem Canopy Walkway im Taman Negara durch die Baumwipfel des Dschungels hangeln › S. 107

## TOP-TOUREN › Ostküste und Taman Negara

An den Stränden der Ostküste wird Baden und Entspannen groß geschrieben, in den Städten erschließt sich die malaiische Kultur, und im Hinterland ermöglichen Nationalparks und Schutzgebiete das Erkunden der noch verbliebenen Regenwälder.

Fernab von Handelswegen und Wirtschaftszentren wurden über Jahrhunderte an der Ostküste die Traditionen der Malaien gepflegt. Nirgendwo im Land ist der muslimische Einfluss ausgeprägter als hier. Entsprechend der islamischen Tradition fällt in den Ostküstenstaaten Kelantan und Terengganu sogar das Wochenende auf den Donnerstag und Freitag. In den beschaulichen Dörfern geht das Leben seinen geruhsamen Gang. In Flussmündungen ankern immer noch Fischerboote, auch wenn der Fischfang an Bedeutung verloren hat. Entlang der endlosen Küste locken Resorts mit gepflegten sauberen Sandstränden. Inselparadiese im kristallklaren Wasser des Südchinesischen Meeres bieten Erholung und Entspannung pur. Jenseits der Palmenhaine sind die Berge von dichtem Grün bedeckt, und die geschützten Wälder der Nationalparks locken mit einer außerordentlichen Artenvielfalt. Stauseen ermöglichen zudem die Erkundung unzugänglicher Bergwälder per Boot.

Die konservative Hauptstadt von Kelantan, **Kota Bharu** im Nordosten der Halbinsel, nahe der thailändischen Grenze, versteht sich als Zentrum der malaiischen Kultur. Wer eine Vorstellung im Kulturzentrum Gelanggang Seni miterleben möchte, sollte seine Reiseplanung entsprechend abstimmen. Über die unscheinbare Hafenstadt Kuala Besut gelangen Sie auf die – leider in Folge touristischen Wildwuchses nicht mehr ganz so paradiesischen – **Perhentian-Inseln**.

Abwechslung vom Strandleben verspricht weiter im Süden die Hauptstadt des Sultanats, **Kuala Terengganu**, mit ihrem riesigen Museum und einer neuen Moschee. Sie ist ein guter Ausgangspunkt für Bootsfahrten zu vorgelagerten Inseln und auf dem Sungai Marang sowie für Ausflüge ins dschungelbedeckte Hinterland zum Stausee **Tasik Kenyir**.

Neue Straßen erschließen das bislang unzugängliche Bergland und ermöglichen eine Fahrt durch abgelegene Ortschaften im Landesinneren Richtung Süden ins einstige britische Verwaltungszentrum **Kuala Lipis**. Nur wenige Touristen besuchen von hier aus den kleinen **Kenong-Rimba-Nationalpark**.

Hingegen ist der größte und älteste Nationalpark, **Taman Negara**, etwas weiter östlich, bei einheimischen wie ausländischen Touristen zu Recht überaus beliebt. Schließlich kann man hier auf eigene Faust den 130 Millionen Jahre alten tropischen Regenwald erkunden – der Spaziergang auf dem Canopy Walkway durch die Wipfel der Urwaldriesen ist ein Erlebnis.

# Tour in der Region

## Tour 9 · Vom Strand zum Regenwald

### Tour-Übersicht:

**Verlauf:** *****Kota Bharu** › ****Perhentian-Inseln** › ****Kuala Terengganu** › **Tasik Kenyir** › **Kuala Lipis** › ****Taman Negara**

**Länge:** 550 km
**Dauer:** ca. 6 Tage (ohne Strandaufenthalt)

**Praktische Hinweise:**

- Von Kota Bharu geht es in gut einer Stunde mit dem lokalen Bus sowie etwas schneller mit dem Überlandtaxi nach Kuala Besut. Dort legen außerhalb der Regenzeit von 7–15 Uhr Schnellboote nach Perhentian ab (1 Std.), wo sie an verschiedenen Stränden halten.
- Expressbusse nach Kuala Terengganu verkehren nur auf der Schnellstraße weiter landeinwärts im 2-Std.-Takt. In Hafennähe halten sie im Ort Jerteh, der von lokalen Bussen und Taxis ab Kuala Besut angefahren wird.
- Für die Fahrt zum Tasik Kenyir und die Tour durch das Landesinnere über Kuala Lipis zum Taman Negara benötigen Sie einen Mietwagen, denn auf der neuen Straße verkehren kaum Busse. Pkw können in Kota Bharu oder Kuala Terengganu gemietet werden. Ansonsten nehmen Sie Busse von Kuala Terengganu nach Kuantan (3 Std.), übernachten dort und fahren über Jerantut (3 Std.) weiter in den Taman Negara (1½ Std.).

### Tour-Start:

Nach einer Nacht in *****Kota Bharu** › S. 98 genießen Sie Ihren Strandurlaub auf den ****Perhentian-Inseln** › S. 100. Zurück auf dem Festland können Sie mit dem Mietwagen auf schmalen Küstenstraßen malaiisches Dorfleben erkunden, während der Bus auf der landschaftlich eintönigen Schnellstraße N3 durch das dünn besiedelte Hinterland nach *****Kuala Terengganu** › S. 102 braust. Nehmen Sie sich dort ein paar Stunden Zeit, das *****Museum** zu erkunden und lassen Sie den Abend nach einem Besuch der *****Crystal Mosque** mit einem leckeren Essen ausklingen. Den Stausee **Tasik Kenyir** › S. 103 kann man auch als Tagestour besuchen und dort bei einer Bootsfahrt die Inseln und Wasserfälle erkunden. Schöner ist es allerdings, hier zu übernachten und am folgenden Tag durch Dschungel und Ölpalmplantagen bis in den Ort Gua Musang und weiter nach **Kuala Lipis** › S. 112 zu fahren. Nur wenige Touristen verschlägt es in dieses nette Städtchen, das durchaus eine Übernachtung lohnt, bevor es weiter in den beeindruckenden Regenwald des ****Taman Negara** › S. 106 geht, für den Sie sich mind. zwei Tage Zeit nehmen sollten.

TOP-TOUREN › Ostküste und Taman Negara › **Kota Bharu**

› Karte S. 67

# Unterwegs in der Region

## *Kota Bharu 18

Trotz seiner Größe (610 000 Einw.) geht das Leben in der »Hauptstadt der malaiischen Kultur« einen gemächlichen Gang. Direkt neben dem Tourist Information Centre (TIC) steht in der Jalan Hospital das **Kelantan-State-Museum**, in dem traditionelles malaiisches Kunsthandwerk wie Flugdrachen, Musikinstrumente u.a. zu bestaunen sind (Sa bis Do 8.30–16.45 Uhr).

Im Freiluft-Kulturzentrum *Gelanggang Seni an der Jalan Mahmud werden traditionelle Tanz- und Musik- sowie Wayang Kulit-Vorführungen geboten (Sa–Mi 15.30 bis 17.30, Mi auch 21–23 Uhr; Jan. und während Ramadan geschl., Eintritt frei). Männer tragen Wettbewerbe mit Riesenkreiseln, Flugdrachen und im Kampfsport Silat › S. 18 aus. Nähere Informationen über das aktuelle Programm erteilt das Tourist Information Centre.

Das Herz der Stadt schlägt im *Pasar Besar, der großen Markthalle, in der Berge von Obst und Gemüse, Gewürze, Stoffe und Haushaltswaren feilgeboten werden. Von der Galerie im zweiten Obergeschoss kann man die besten Fotos von diesem farbenprächtigen Markt schießen. Hier gibt es zudem Gewürze, Haushaltswaren und Stoffe.

Um den Padang Merdeka gruppieren sich die Prunkbauten des

---

**SEITENBLICK**

### Reine Männersache: Flugdrachen und Riesenkreisel

Im Frühjahr summt der Himmel über Kelantan. Bunte Flugdrachen drehen Pirouetten und geben dabei einen vibrierenden Ton von sich. Aber nicht Kinder, sondern erwachsene Männer lassen die bunt bemalten *wau* in Höhen von über 200 m steigen. Die größten Drachen haben eine Spannweite bis zu 2 m. Es ist Tradition, nach der Reisernte Drachenflugwettbewerbe auszutragen, bei denen nicht nur die Flughöhe bewertet wird, sondern auch Form und Zeichnung der Drachen, Flugfiguren und die Klarheit des Summtons.

Eine andere beliebte Freizeitbeschäftigung der Malaien ist *main gasing,* ein Mannschaftswettbewerb mit Riesenkreiseln. Nur mit viel Geschick lassen sich die tellergroßen, bis zu 6 kg schweren Metallkreisel in Schwung bringen. Ein langes Tau wird eng um den Kreisel geschnürt. Dann holt der Wettkämpfer aus und schleudert den Kreisel zu Boden. Sofort versucht ein anderer mithilfe einer Schaufel den Kreisel aufzunehmen und ihn auf einen Holzstab, der in der Erde steckt, zu setzen. Dort rotiert der Kreisel bis zu zwei Stunden. Das Ganze wiederholt sich immer wieder, bis schließlich ein oder zwei Dutzend Kreisel gleichzeitig in Bewegung sind. Die Mannschaft, der es gelingt, ihre Kreisel am längsten rotieren zu lassen, geht als Gewinner aus dem Wettkampf hervor.

Sultans. Die **Istana Balai Besar,** die Audienz- und Krönungshalle von 1844, ist der Öffentlichkeit zugänglich. In der kleineren **Istana Jahar,** einem hübschen Holzpalast aus dem 19. Jh., ist ein Museum untergebracht, das sich der Kultur von Kelantan widmet. Das **Museum Diraja** in der **Istana Batu,** Jalan Hilir Kota, ermöglicht einen Einblick in ehemalige königliche Gemächer (beide Sa–Do 8.30–16.45 Uhr). An der Jalan Sultan steht die **Al-Muhammadi-Moschee.** Das Bauwerk, 1926 eingeweiht, zeigt deutlich Einflüsse des britischen Kolonialstils.

Main Gasing – Spiel der Riesenkreisel

## Info

**Tourist Information Centre (TIC)**
- Jl. Sultan Ibrahim, nahe Jl. Hospital
- Tel. 09/748 5534
- www.tic.kelantan.gov.my
- Tgl. 8–13, 14–17 Uhr

## Verkehr

- **Flugzeug:** Flughafen 8 km östlich der Stadt. Täglich Flüge nach Kuala Lumpur und Penang.
- **Bahn:** Vom Bahnhof in Wakaf Bharu (westl. vom Fluss) zwei langsame Nachtzüge über Kuala Lipis, Jerantut (Taman Negara) und Gemas nach Johor Bahru und Singapur (15 Std.), ein weiterer Nachtzug nach Kuala Lumpur (13 Std.).

## Hotels

**Renaissance** ●●●
Das etwas außerhalb gelegene Hotel ist die erste Adresse in der Stadt.
- Jl. Sultan Yahya Petra
- Tel. 09/746 2233
- www.marriott.com

**Grand Riverview Hotel** ●●–●●●
First-Class-Hotel mit komfortablen Zimmern, von einigen genießt man einen schönen Flussblick.
- Jl. Post Office Lama
- Tel. 09/743 9988
- www.grh.com.my

**Erst-klassig**

**Royal Guest House** ●●
Die Superior- und Deluxe-Zimmer sind akzeptabel, preiswerte Zimmer teils ohne Fenster.
- 440–443 und 448–452 Jalan Hilir Kota
- Tel. 09/743 0008
- www.royalguesthse.com

**Pasir Belanda** ●
Nette Chaletanlage unter holländischer Leitung mit Pool und Garten am Fluss, gut geeignet um malaiisches Dorfleben kennenzulernen, Mindestaufenthalt 2 Nächte.
- Kampung Banggol
- Jl. PCB Road, 4 km südl. der City
- Tel. 09/747 7046
- www.kampungstay.com

### Restaurants

**Syam** ●●
Guter Thai, etwas außerhalb.
▪ Lot 594 Jl. Hospital

**Pizzeria Traudi, Kota Bharu** ●–●●
Urs und Ursula bedienen vortrefflich Gelüste auf gute Pizza aus dem Holzofen.
▪ Jalan Dusun Raja
▪ Tel. 09/747 7488

**Essensmärkte:** Den Malaiische Nachtmarkt finden Sie zwischen der Jl. Pinto Pong und der Jl. Parit Dalam, den chinesischen Essensmarkt **Medan Selera Kebun Sultan** und viele Restaurants in der Jl. Kebun Sultan.

**Während der abendlichen Gebetszeit gegen 19.30 Uhr schließen viele Restaurants und Läden.**

### Shopping

Über Einkäufe in Batikfabriken und bei Kunsthandwerkern direkt informiert das Tourist Information Centre.

## 7  **Perhentian-Inseln** 19

In **Kuala Besut** legen die Fähren zu den Inseln ab. Ab sofort stehen die Zeichen auf Strandurlaub: Baden, an feinen Sandstränden, unter Palmen dösen, bei Schnorchelausflügen und Tauchgängen die tropische Unterwasserwelt entdecken und die Eilande erkunden.

Mit dem schnell wachsenden Tourismus haben die Inseln leider viel von ihrer paradiesischen Natürlichkeit verloren. Wo nicht umsichtige Resort-Manager und Tauchschulen für saubere Strände sorgen, belasten Müll und Abwässer die Strände.

Auf der größeren **Perhentian Besar** erstrecken sich an der Nordwestküste in mehreren weiten Buchten feine weiße Sandstrände, die sich gut zum Baden eignen. Die tiefe Bucht Teluk Dalam an der Südküste ist vor allem bei Ebbe sehr seicht.

Auf **Perhentian Kecil** liegt das einzige malaiische Fischerdorf mit Moschee, Schule, Krankenstation und Polizei. Der Strand in der Teluk Aur an der Westküste mit einem großen Pier wird ganzjährig von Fähren angefahren, während der bei jugendlichen Urlaubern beliebte Long Beach (Pasir Panjang) an der Ostküste im Monsun nur über einen Fußweg erreichbar ist. An allen großen Stränden und einigen kleineren Buchten stehen Bungalowanlagen und Resorts. Während der Ferien › S. 16 und an Feiertagen › **S. 139** sind viele Unterkünfte ausgebucht. In der Regenzeit (Nov. bis Jan.) sind die meisten Chalets geschlossen und Boote verkehren nur, wenn der Wellengang es zulässt.

### Verkehr

▪ **Bus:** Zum Hafen in Kuala Besut lokale Busse in gut 1 Std. ab Kota Bharu. Expressbusse von Süden kommend halten in Jerteh, von wo ein weiterer lokaler Bus in rund 30 Min. fährt.

▪ **Schiff:** Schnellboote in der Saison von 7–17 Uhr in knapp 1 Std. Am Hafen von Kuala Besut können Sie die Bootstickets kaufen und eine Unterkunft auf den Inseln buchen. Es gibt dort bewachte Parkplätze.

Strandleben auf Perhentian

## Hotels

**Perhentian Island Resort** ●●●
Geräumige Bungalows an einer kleinen Bucht mit schönem Sandstrand, Restaurant, Pool.
- Perhentian Besar
- Teluk Pauh
- Tel. 09/691 1111
- www.perhentianislandresort.net

**Tuna Bay Island Resort** ●●●
Schöne gepflegte Anlage am Strand mit Palmen, eines der besten Resorts auf der Insel. Die Holzhäuschen sind geräumig mit kleinem Balkon, das Essen ist ausgezeichnet.
- Perhentian Besar
- Tel. 09/690 2909
- www.tunabay.com.my

**Coral View Island Resort** ●●–●●●
Die größte Chaletanlage mit qualitativ sehr unterschiedlichen Bungalows direkt am Strand und im Hinterland.
- Perhentian Besar
- Teluk Pauh
- Tel. 09/697 4943
- www.coralviewislandresort.com

**Abdul's Chalets** ●●
Klimatisierte Bungalows an einem schönen und ruhigen Strand.
- Perhentian Besar, südl. vom Marine Park Centre
- Tel. 09/691 1610
- www.abdulchalet.com

**Shari La Island Resort** ●●
Gehört zu den besseren Ferienanlagen auf der Insel Kecil mit hübsch designten Holzhäusern. Die Einrichtung ist aber nicht immer ohne Makel und guter Service Glücksache.
- Perhentian Kecil
- Tel. 09/691 1400
- www.shari-la.com

## Restaurants

Alle Strandhotels haben Restaurants. Die Auswahl ist nicht überwältigend groß, der frische Fisch ist aber immer gut. ●

# Kuala Terengganu [20]

Die weitläufige, moderne Hauptstadt (400 000 Einw.) des Bundesstaates Terengganu erstreckt sich an der Mündung des gleichnamigen Flusses. Sie hat sich durch die boomende Erdöl- und Erdgaswirtschaft, deren Zentrum im Süden Terengganus liegt, zu einer aufstrebenden Großstadt entwickelt.

Von der Aussichtsplattform des 200 m hohen **Bukit Puteri** bietet sich ein schöner Ausblick über das alte Zentrum und die Flussmündung. Auf dem Weg in die **Chinatown** mit ihren teils ansehnlich restaurierten *shop houses*, Boutiquen und traditionellen Läden lohnt ein Besuch der quirlig bunten Markthalle **Pasar Payang**.

Interessant ist das große **\*Terengganu State Museum** am Fluss südlich der Stadt. Es besitzt neben dem Terengganu-Stein mit den ältesten schriftlichen malaiischen Überlieferungen die Schätze des Sultanshofes, malaiisches Kunsthandwerk, eine hervorragende Sammlung an Textilien und Zeremonialdolchen (Kris) sowie Ausstellungen zur Geschichte und zur Ölgewinnung. In einem Park um das Hauptgebäude können Schiffe, regionaltypische Häuser und das ehemalige Frauenhaus der Sultansfamilie besichtigt werden (Sa–Do 9–17 Uhr, Fr 9–12, 15–17 Uhr, 15 RM).

Erst-klassi

Auf einer nahen Flussinsel sind im islamischen Themenpark **Taman Tamadu Islam** Modelle von 16 islamischen Gebäuden aus aller Welt zu sehen (Mo, Mi, Do 10–19 Uhr, Fr bis So und in den Ferien ab 9 Uhr). Dahinter erhebt sich das neue Wahrzeichen, die gläserne Moschee **\*Masjid Kristal**, die abends in bunten Farben erstrahlt.

Erst-klassi

Ebenso fotogen ist die **Tengku Tengah Zaharah-Moschee**, 7,5 km außerhalb an der Straße nach Kuantan, die bei ruhigem Wetter im Wasser zu schwimmen scheint.

Das einst malerische Fischerdorf **Marang**, 12 km südlich, hat leider durch unverhältnismäßige Baumaßnahmen seinen einstigen Charme eingebüßt. Fischerboote, die in der geschützten Lagune vor Anker liegen, fahren zur nahen **Insel Kapas** zum Baden und Schnorcheln. Auf **Fluss-Safaris** auf dem Sungai Marang flussaufwärts können Sie im Mangrovendickicht Warane ausmachen und im Kampung Jenang Affen bei der Kokosnuss-Ernte zuschauen.

Die Tengku Tengah Zaharah-Moschee

## Info

**Tourist Information Centre**
- Jl. Sultan Zainal Abidin
- Tel. 09/622 1553
- www.tourismterengganu.gov.my
- Sa–Do 8–13, 14–17, Fr 9–13 Uhr

## Hotels

**Ri-Yaz Heritage Marina Resort & Spa ●●●**
Die Hotelanlage steht auf einer Insel in der Flussmündung und bietet geräumige und modern ausgestattete Zimmer u.a. in zweistöckigen Chalets rund um den großen Pool. Schickes Restaurant.
- Pulau Duyung
- Tel. 09/627 7888
- www.riyazheritage.com

**Terrapuri Resort ●●●**
20 komfortabel eingerichtete, liebevoll restaurierte alte Terengganu-Häuser auf einer Landzunge an einem endlosen Sandstrand, Restaurant, Pool und Spa neben einer Lagune mit Glühwürmchen. [Erst-klassig]
- Penarek, 62 km nördlich von Kuala Terengganu
- Tel. 09/624 5020
- www.terrapuri.com

**Tanjong Jara Resort ●●●**
Idyllisches Spa-Resort im malaiischen Stil in einem Park direkt am Meer. Wunderschöne, große Zimmer und Bungalows mit Jacuzzi und Terrasse. Großes Sportangebot. [Erst-klassig]
- 75 km südlich von Kuala Terengganu
- Tel. 09/845 1100
- www.tanjongjararesort.com

**Ming Paragon Hotel ●●**
Im Zentrum der Stadt liegt dieses Mittelklassehotel. Buchen Sie vorzugsweise ein komfortableres Superior-plus- oder ein Executive-Zimmer.
- 217 Jl. Sultan Zainal Abidin
- Tel. 09/631 9966
- www.mingparagon.com

## Restaurants

**Ocean Restaurant ●●**
Einfache Einrichtung, aber sehr gutes chinesisches Essen, vor allem Fisch und Meeresfrüchte, auch Bier. Nur abends geöffnetes, luftiges Restaurant. [Erst-klassig]
- Etwa 1 km außerhalb des Zentrums zwischen Jl. Sultan Zainal Abidin und dem Meer.

**Golden Dragon ●**
Kleines chinesisches Restaurant mit leckeren Garnelen- und Schweinefleischgerichten.
- 198 Jl. Bandar
- Tel. 09/622 3034
- Tgl. 11–15 und 18–21.30 Uhr.

# Ausflug zum Tasik Kenyir 21

Ein riesiger Stausee inmitten des dschungelbedeckten Berglands bedeckt eine Fläche von 260 000 ha. Seit dem Bau der neuen Straße (Nr. 8) durch das Landesinnere nach Gua Musang ist er von Kuala Terengganu aus leichter zu erreichen. [Erst-klassig]

Von der **Sungai Gawi Jetty**, 14 km westlich des letzten Ortes Kuala Jeneris, können Boote für Ausflüge gechartert werden. Ziele sind sieben Wasserfälle – darunter der 185 m hohe, siebenstufige **Lasir-Wasserfall**. Zu sehen gibt es außerdem zwei

Tropfsteinhöhlen und einige der 340 Erhebungen, die nun als Inseln aus dem Wasser schauen. Auf der Insel **Sa Kecil** wurde ein Heilkräutergarten angelegt. Am Ufer laden Hotelresorts zum Bleiben ein. Zudem werden einfache Hausboote für Gruppen von bis 16 Personen zum Übernachten an der Jetty vermietet.

An der Westküste des Sees, ca. 56 km von der Jetty entfernt an der Straße nach Gua Musang, befindet sich ein **Elephant Sanctuary** der staatlichen Naturschutzbehörde, wo angekettete junge Arbeitselefanten gefüttert werden können. Auch Herden wilder Elefanten streifen durch die kaum erschlossenen Wälder rings um den See.

### Info

**Tourist Information Centre**
Infos über Resorts und Modell des Sees im Maßstab 1:50 000.
- an der Sungai Gawi Jetty
- Tel. 09/626 7708
- www.kenyirlake.com
- Tgl. 8–17 Uhr

### Verkehr

- Mit dem **Pkw** zur Sungai Gawi Jetty von Kuala Terengganu via Straße Nr. 3 und 11 bis Kuala Jemeris, nach dem Ort der Beschilderung zum Lake Kenyir Resort folgen.
- Mit dem **Bus** von Kuala Terengganu bis Kuala Berang und von dort 55 km mit dem Taxi.
- **Organisiert:** 3-tägige Touren ab Kuala Terengganu und Hausboot-Übernachtungen organisiert Ping Anchorage, Tel. 09/626 2020.

### Hotel

Die meisten Besucher kommen im Rahmen einer gebuchten Tour zum See.

**Lake Kenyir Resort & Spa** ●●●
Komfortable, nicht mehr ganz neue Doppelbungalows aus Holz mit Balkon und großen Bädern am Seeufer. Hübscher Pool, vom Restaurant wunderschöne Aussicht über den See.
- 1 km südlich der Sungai Gawi Jetty
- Tel. 09/666 8888
- www.lakekenyir.com

# Kuantan 22

Bei der Hauptstadt von Pahang (500 000 Einw.) biegt der jetzt bis Kuala Terengganu verlängerte Expressway E8 ins Landesinnere nach Kuala Lumpur ab. Dank des Ölbooms entwickelte sich Kuantan zum Wirtschaftszentrum und Boomtown der Ostküste mit vielen neuen Shopping Malls und Hotelneubauten.

Das Wahrzeichen der Stadt ist die 1994 eingeweihte imposante **Sultan-Ahmad-Shah-Moschee** in der Jalan Mahkota. Von der Bootanlegestelle (flussaufwärts des Zentrums gelegen) werden Flussfahrten auf dem Kuantan River angeboten.

Ein beliebtes Ausflugsziel von Kuantan ist der 5 km nordöstlich vom Stadtzentrum gelegene Strand von **Teluk Chempedak**, an dem sich mehrere größere Hotels und Seafood-Lokale befinden.

### Info

**Pahang Tourist Office**
- Jl. Mahkota

- Tel. 09/516 1007
- www.pahangtourism.org.my
- Mo–Fr 8–17 Uhr

### Hotels

**Hyatt Regency Kuantan Resort** ●●●
Spitzenhotel mit eigenem Strand.
- Teluk Chempedak, östlich der Stadt
- Tel. 09/518 1234
- www.kuantan.regency.hyatt.com

**The Zenith Hotel** ●●–●●●
Modernes Businesshotel neben dem Convention Center, die über 500 Zimmer sind gut mit neuester Technik ausgestattet, 2 Restaurants mit internationaler bzw. chinesischer Küche.
- JL Putra Square 6
- Tel. 09/565 9595
- www.zenithhotel.com

**Mega View** ●–●●
Komfortabel und direkt am Fluss. Zimmer in den oberen Stockwerken mit Balkon. Restaurant.
- 567 Jl. Besar
- Tel. 09/ 517 1888
- www.megaviewhotel.com

### Restaurants

**Sherwood** ●●
Verkauf von Wein, Käse und anderen westlichen Delikatessen, zudem Restaurant mit einigen westlichen Gerichten, Seafood und einheimischen Speisen.
- 19 Jl. Teluk Sisek im Pantai Selamat-Einkaufszentrum
- Tel. 09/566 3968

**Tjantek Art Bistro**
Kleines gemütliches Künstlercafé, ab 19 Uhr Suppen, Sandwiches, Steaks und Salate sowie Säfte und Tees.

Baby-Schildkröten in der Aufzuchtstation

- 46 Jalan Besar
- Tel. 09/516 4144

## Cherating 23

In das ehemalige Backpackerparadies jenseits des einstigen Fischerdorfes kommen jetzt vor allem einheimische Urlauber und während der Monsunsaison Surfer. Die seichte, versandete Meeresbucht hinter dem Dorf ist von Kasuarinen gesäumt, aber leider sehr vernachlässigt. Während hier überwiegend einfache Unterkünfte zu finden sind, haben sich an den Stränden weiter südlich und nördlich komfortablere Ferienanlagen angesiedelt.

In der **Schildkröten-Aufzuchtstation** (Di–So 10–16 Uhr) am nördlichen Chendor Beach schlüpfen die Jungen der bedrohten Meeresschildkröten, die zwischen Mai und September zur Eiablage an die Strände kommen.

TOP-TOUREN › Ostküste und Taman Negara › **Cherating, Taman Negara**

› Karte S. 67

## Hotels

**Club Méditerranée** ●●●
Im ältesten Club Med in Südostasien, 2 km nördlich von Cherating wohnt man in zweigeschossigen Chalets im Kampung-Stil, exklusive Ausstattung, eigener Sandstrand.
- Cendor Beach
- Tel. 09/581 9133
- www.clubmed.com

**Impiana Resort Cherating** ●●●
Das etwas betagte Hotelresort bietet 121 durchaus gemütliche Zimmer mit Meerblick, Holzböden und teils mit Himmelbett, 2 Restaurants und viele Aktivitäten.
- Chendor Beach
- Tel. 09/581 9000
- www.impiana.com.my

**Tanjong Inn** ●●
Einfache aber nette Anlage in schöner Umgebung. Man wohnt in schon etwas älteren Chalets mit Ventilator oder in neueren Zimmern mit Klimaanlage und Himmelbetten in Häusern im traditionellen Stil.
- Villa de Fedelia, Cherating
- Tel. 09/581 9081

## Restaurants

**Duyong Restaurant** ●
Im einfachen, auf Pfählen errichteten Restaurant am Dorfstrand werden gute chinesische und thailändische Gerichte serviert.
- Cherating

**Payung Café** ●
Legeres Gartenrestaurant am Fluss mit Pizza und Nudelgerichten.
- Cherating

## **Taman Negara** 24

Das Innere der Malaiischen Halbinsel birgt einen kostbaren Schatz: den ältesten und artenreichsten Regenwald der Erde. Unbeeinflusst von globalen Klimaschwankungen konnte er sich über 130 Millionen Jahre lang ungestört entwickeln. Seit 1938 steht ein Fläche von etwa der Größe des Ruhrgebiets mit weitgehend unberührtem Primärwald im Grenzgebiet der Bundesstaaten Pahang, Kelantan und Terengganu als Nationalpark unter staatlichem Schutz. Das schwer zugängliche hügelige Naturreservat wird von zahlreichen Bächen und Flüssen durchschnitten. Im zentralen Bergmassiv ist der **Gunung Tahan** mit 2187 m der höchste Berg der Malaiischen Halbinsel. Die Evolution trieb hier im wahrsten Sinne des Wortes seltsame Blüten. So finden sich im Nationalpark weit über 8000 verschiedene Pflanzenarten, etwa so viele wie auf dem gesamten nordamerikanischen Kontinent! Unzählige Tierarten haben im Taman Negara ihre Heimat, darunter allein über 250 Vogelarten. Tiger und Elefanten bekommen Besucher normalerweise nicht zu Gesicht. Der Reiz des Dschungels erschließt sich eher im Kleinen und Verborgenen: Tierspuren, das Rufen der Affen und das Flügelschlagen der Vögel über den Baumwipfeln, bizarre Blätter, die sich als perfekt getarnte Insekten entpuppen, schillernde Schmetterlinge, Orchideen und Lianen, die sich an Baumriesen heften. Mit Regen müssen Sie immer rechnen. In

`Erst-klassi`

der Hauptregenzeit von November bis Februar ist ein Besuch nicht empfehlenswert.

## Wanderungen und Trekkingtouren

Im Nationalpark gibt es kurze und längere Wanderwege. In der näheren Umgebung des Parkhauptquartiers, in **Kuala Tahan**, sind kurze Rundwanderwege markiert. Auf dem 800 m langen **Bulatan Paya** (ab dem Resort) und dem teils durch Sümpfe führenden, schwer begehbaren und schlecht markierten **Bulatan Rimba** (ab dem Campingplatz) informieren Tafeln über Flora und Fauna. Körperlich anspruchsvoller und schweißtreibender ist die mehrstündige Wanderung auf dem gut markierten, 1,7 km langen Pfad zum **Bukit Teresek**, einem 344 m hohen Aussichtsberg nördlich des Hauptquartiers. Weitere Wanderwege rings um den Hausberg sind gut markiert, sodass Sie sich kaum verlaufen können. Auf einigen Pfaden werden sogar Nachtwanderungen durchgeführt.

Mit einheimischen Führern (200 RM pro Tag) und einer Genehmigung der Nationalparkverwaltung kann man in 7 bis 9 Tagen den 2187 m hohen **Gunung Tahan** besteigen. Durch Bäche und Flüsse führt die Trekkingtour über 55 km hinauf in kühle Höhenlagen. Übernachtet wird in Zelten und Schlafsäcken.

## **✻✻Canopy Walkway**

Am Beginn der Wanderung zum Bukit Teresek lockt eine echte Attraktion: Schwindelfreie können auf

Canopy Walkway, Taman Negara

einer Länge von 530 m auf Hängebrücken in den Wipfeln der Bäume den Regenwald aus 20 bis 45 m Höhe erleben. Zwischen den bis zu 70 m langen frei hängenden Brücken befinden sich Plattformen, auf denen sich maximal vier Personen aufhalten dürfen. Aus diesem Grund muss man während der Hauptsaison mit längeren Wartezeiten rechnen (Sa–Do 9.30–15.30, Fr 9–12 Uhr).

**Erstklassig**

## Tierbeobachtungen

Viele Besucher kommen wegen der Tierwelt des Regenwaldes. Leider hat der Jahr für Jahr zunehmende Besucherstrom die scheuen Waldbewohner immer weiter in den Wald zurückgedrängt.

Die größte Chance, Tiere zu Gesicht zu bekommen, bieten die Hochstände (*hides*), die an mehreren Stellen im Nationalpark aufgestellt wurden, meist an Lichtungen, Bächen oder Salzleckstellen. Von dort aus lässt sich in Ruhe die Natur beobachten. Mit etwas Glück und Geduld können Affen, Nashornvögel, Dschungelhühner, Zwergrehe, Wildschweine oder bisweilen sogar Tapire gesichtet werden. Je weiter die Hochstände von Kuala Tahan entfernt sind, desto größer ist die Wahrscheinlichkeit, in der Dämmerung wilde Tiere zu sehen.

Besucher mit Ausdauer und Abenteuerlust können hier auch die Nacht verbringen: Damit auch nachtaktive Tiere beobachtet werden können, sind die meisten Hochstände sogar für Übernachtungen ausgestattet.

## *Bootstouren

Boote bringen die Besucher auf Urwaldflüssen zu Stromschnellen inmitten einer paradiesischen Natur. Recht geruhsam, aber nicht minder eindrucksvoll sind die mehrstündigen *Bootstouren – auch spannende Nachtsafaris – auf den Flüssen Sungai Tahan und Sungai Tembeling. Beliebtes Ziel sind die Stromschnellen von Lata Berkoh und Siedlungen der Urbevölkerung, Orang Asli, die zeitweilig noch als Nomaden durch den Dschungel wandern.

### Info

**Department of Wildlife and National Parks**
- Büro im Mutiara Taman Negara Resort.
- National Park Information Centre in Kuala Tahan (tgl. 10–18 Uhr) und an der Bootsanlegestelle in Kuala Tembeling. Aktuelle Park-Infos, Film und Wanderkarten, Vermittlung von Guides u. a.
- Gute Park-Infos in englischer Sprache: www.tamannegara.asia

### Verkehr

Mit Überlandbussen von Kuala Lumpur und Kuantan nach Jerantut, von dort Busse und Taxis nach Kuala Tahan (dem Eingangstor zum Taman Negara). Weit schöner ist die Anreise über Kuala Tembeling – das man von Jerantut per Bus oder Taxi erreicht –, von wo aus schmale Boote um 9 und 14 Uhr in 2–3 Stunden den Sungai Tembeling aufwärts nach Kuala Tahan fahren. Verschiedene Reiseveranstalter (z. B. HAN Travel, Tel. 03/2031 0899, www.taman-negara.com) fahren mit Bussen ab Kuala Lumpur über Kuala Tembeling; wer mit diesen Bussen fährt, sollte sich nicht zum Buchen von Unterkünften und Touren drängen lassen.

## Hotels

**Mutiara Taman Negara** ●●●
Das einzige Resort innerhalb der Grenzen des Parks bietet Unterkünfte in komfortablen Chalets mit Klimaanlage. Das Restaurant ist teuer und durchschnittlich, Lebensmittel für Touren können hier gekauft werden.
- Kuala Tahan, beim Park Headquarter
- Tel. 09/266 2200
- www.mutiarahotels.com

Gegenüber von Kuala Tahan, jenseits des Sungai Tembeling und damit bereits außerhalb der Grenzen des Nationalparks (Fähre 1 RM), kann man in zahlreichen Unterkünften übernachten, z.B.:

**Rainforest Resort** ●●–●●●
Hübsche klimatisierte Zimmer und Abholservice vom Bootssteg.
- Tel. 09/266 7888
- www.rainforest-tamannegara.com

**Traveller's Home** ●●
Homestay mit Familienanschluss. Klimatisierte Zimmer sowie Bungalows im Garten. Frühstück und Abendessen inkl. Tourenangebote, Abholservice.
- 2 km flussabwärts am Dorfrand
- Tel. 09/266 7766
- www.travellershome.com.my

**Woodland Resort** ●●
Großes Resort mit klimatisierten Chalets und Zimmern, mit Restaurant.

- in einer Kautschukplantage
- Tel. 09/266 1111
- www.tamannegararesorts.net

## Restaurants

Am Flussufer gegenüber dem Mutiara Taman Negara isst man gut und preiswert in schwimmenden Restaurants.

### Aufregende Dschungelwanderungen  *Erst-klassig*

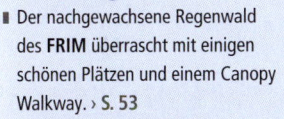

- Der nachgewachsene Regenwald des **FRIM** überrascht mit einigen schönen Plätzen und einem Canopy Walkway. › S. 53
- Bei der schweißtreibenden Wanderung vom **Penang Hill** hinab zum Botanischen Garten fasziniert die abwechslungsreiche Vegetation. › S. 74
- Auf steilen Pfaden geht es in den **Cameron Highlands** durch kühle Hochlandwälder zu Teeplantagen. › S. 85
- Mehrtägige Touren auf gut markierten Pfaden mit Flussduchquerungen sind im **Taman Negara** sogar auf eigene Faust möglich. › S. 106
- Im **Gunung-Mulu-Nationalpark** in Sarawak tauchen Sie mitten im Dschungel in eine faszinierende unterirdische Welt ab. › S. 126
- Der Bergwald des **Gunung Kinabalu** in Sabah mit seinen Orchideen und Kannenpflanzen ist fast so aufregend wie die Gipfelregion jenseits der Baumgrenze. › S. 130
- Im **Danum Valley** brauchen Sie nicht weit zu laufen, um Tiere aus nächster Nähe zu sehen. › S. 135

TOP-TOUREN › SPECIAL › Nationalparks

## SPECIAL
# Erlebnis tropischer Regenwald

Wer erliegt nicht dem Mythos über den schier undurchdringlichen Dschungel, Kathedralen von üppigem Grün voller Gefahren, Begegnungen mit wilden Tieren und schweißtreibenden Expeditionen in drückender Schwüle? Malaysias Urwälder bieten reichlich Gelegenheit zum hautnahen Dschungelerlebnis.

Der mächtige Regenwald im Nationalpark **Taman Negara** gilt als der älteste der Welt › S. 106. Wesentlich seltener besucht wird der **Kenong-Rimba-Park** westlich des Taman Negara › S. 112 sowie im Süden der **Endau-Rompin-Park** › S. 60, zu dem Touren ab Mersing möglich sind. Ein völlig anderes Bild bieten die Bergwälder mit Flechten und Moosen, Rhododendren, Kannenpflanzen und Orchideen.

In Ost-Malaysia lassen nur noch wenige geschützte Gebiete erahnen, wie es einst ausgesehen haben muss, als ganz Borneo von dichtem Wald bedeckt war.

Ein ausgedehntes Dschungelgebiet mit zahlreichen Höhlen wird im Weltnaturerbe **Gunung-Mulu-Nationalpark** in Sarawak geschützt › S. 126. Bergsteigern wird im **Gunung-Kinabalu-Nationalpark** beim Durchschreiten unterschiedlicher Höhenstufen die Artenvielfalt der tropischen Bergwälder gut vor Augen geführt › S. 130. Ein Rest des Tieflandregenwaldes erstreckt sich im Osten Sabahs am **Kinabatangan-Fluss** › S. 135 und in **Sepilok** › S. 134 nahe Sandakan. Dschungel wie im Bilderbuch gibt es im **Danum Valley** › S. 135.

## Außergewöhnliche Begegnungen

Orang-Utan-Rehabilitationszentren in Sepilok (Sabah) › S. 134, das Matang und Semenggoh Wildlife

Bild oben: Mit Flechten überzogener Urwaldriese

Centre › S. 124 bei Kuching bieten die Möglichkeit, die beeindruckenden **Orang-Utans** ganz aus der Nähe zu beobachten.

Im **Bako-Nationalpark** › S. 124 bei Kuching kann man auf Tageswanderungen durch den Karangas-Wald auf dem Hochplateau **Kannenpflanzen** und wilde Orchideen entdecken.

Im Osten Sabahs werden auf dem Kinabatangan Bootstouren in den Tieflandregenwald, in dem **Nasenaffen** leben, veranstaltet. Diese seltenen Tiere leben auch im Bako-Nationalpark und in den Mangroven bei Sandakan.

Im Gunung-Gading-Nationalpark nahe Kuching (Sarawak) und in der Umgebung von Poring (Sabah) blüht manchmal die **Rafflesia**, die größte Blüte (bis 1 m Durchmesser) der Welt. Infos in den Fremdenverkehrsämtern von Kuching und Kota Kinabalu.

Wer in Sarawak die Natur in Ruhe genießen möchte, kann Unterkünfte im Bako-Nationalpark, Matang Wildlife Centre, Kubah-Nationalpark und Gunung Gading über das National Parks & Wildlife Booking Office (Kuching, im Old Court House, www.sarawakforestry.com, Tel. 082/248 088) buchen. In Sabah können Unterkünfte im Kinabalu-Nationalpark und in Poring über Sutera Sanctuary Lodges › S. 132 gebucht werden.

## Wippende Baumpfade, Fluss- und Klettertouren

Ursprüngliche Wälder liegen nur selten vor den Toren der Urlauberresorts wie in Datai (Langkawi); und dem Tiger wird man sicherlich nicht auf gut besuchten Wanderwegen begegnen, auch nicht im Taman Negara. Wer Tiere in freier Wildbahn sehen will, fährt besser in den **Endau-Rompin-Nationalpark** (Halbinsel Malaysia, › S. 60), in den **Bako-Nationalpark** (Sarawak, › S. 124) oder ins **Danum Valley** (Sabah, › S. 135), man muss allerdings Zeit und Geduld mitbringen. Doch wer sich an Hunderten bunter Schmetterlinge und Vögel, ungewöhnlichen Insekten und einer vielfältigen Vegetation erfreuen kann, hat viele Möglichkeiten.

Gute Aus- und Einblicke bieten zum Beispiel **Canopy Walkways**, Hängebrückenweg im Taman Negara › S. 106, im **FRIM** › S. 53 und bei den **Poring Hot Springs** › S. 132. Ebenso **Fahrten auf Dschungelflüssen** im Taman Negara, auch im Gunung-Mulu-Nationalpark, und selbst im Taman Negara und Gunung-Mulu-Nationalpark brauchen Besucher nicht auf Komfort zu verzichten, zudem bieten die Höhlen und Berggipfel sportlich Aktiven eine echte Herausforderung.

Der tropischen Schwüle des Tieflandregenwaldes entgehen Sie in den kühlen Höhenlagen des **Gunung-Kinabalu-Nationalpark** › S. 130 oder der **Cameron Highlands** › S. 85, wo Sie wandern und sich in komfortablen Unterkünften erholen können.

Touren in den **Gunung-Mulu-Nationalpark** › S. 126 lohnen sich für Kletterer, Bergsteiger, Naturfreunde und Trekkingfans.

# Kuala Lipis 25

In der kleinen Verwaltungsstadt im Landesinneren lassen viele historische Gebäude auf ihre einstige Bedeutung schließen. Auf den Hügeln erheben sich die mächtigen **Verwaltungsgebäude**, von denen aus der Staat Pahang von 1919 bis 1955 regiert wurde. Hinter den Mauern der altehrwürdigen, bereits 1913 als Anglo Chinese School gegründeten **Clifford School** erhielten mehrere Sultane und der ehemalige Premierminister Tun Abdul Razak ihre an britischen Vorbildern angelehnte Ausbildung. Die Ursprünge der **Chinatown** mit ihren typischen *shop houses* gehen sogar auf die Zeit des Goldrausches in den 1850er-Jahren zurück. Heute wirkt Kuala Lipis recht verschlafen.

### Hotel

**Centrepoint Hotel** ●●
Saubere, etwas abgewohnte Zimmer, akzeptabel für einen Zwischenstopp.
- im Einkaufszentrum
- Tel. 09/312 2688

### Restaurant

**Taman Selera** ●
Essensmarkt mit mehreren Ständen.
- Im Einkaufszentrum Centrepoint

## Ausflug in den Kenong-Rimba-Park

Das nur wenig besuchte Dschungelgebiet mit Kalksteinformationen und Höhlen, westlich des Taman Negara, kann mit einem Guide erkundet werden, um dort zu wandern, klettern und Tiere zu beobachten (www.pahangtourism.org.my). Zu buchen über Tuah Travels & Tours (im Bahnhof von Kuala Lipis, Tel. 09/312 2292) oder über die Hotels in Kuala Lipis.

# Kuala Gandah Elephant Sanctuary 26

Ein Erlebnis ist das Kuala Gandah Elephant Sanctuary im Zentrum des Krau-Wildlife-Reservats bei Lachang. Hier werden domestizierte Arbeitselefanten trainiert und eingesetzt, um die Rangers bei der Umsiedlung von Wildtieren zu unterstützen, die durch Staudamm-, Straßenbau- und Plantagenprojekte »heimatlos« geworden sind. Bis zu 120 Besucher können sozusagen hautnah die Dickhäuter beim täglichen Bad und Fütterung beobachten und sogar dabei mithelfen, Reiten ist ebenfalls möglich. Eine Ausstellung und ein Film informieren über die Arbeit des Projekts (tgl. 12–16.45 Uhr, www.pahangtourism.org.my).

*Erstklass*

Im wenige Kilometer entfernten **Deerland** können einige weitere Waldbewohner aus der Nähe betrachtet werden (Sa–Do 10.30 bis 17.30 Uhr). Ab Kuala Lumpur werden auch organisierte Touren angeboten (Anfahrt: nördlich vom East Coast Expressway nahe Abfahrt Lanchang, von dort ausgeschildert).

*»Der Mensch des Waldes« lebt nur noch auf Borneo und Sumatra*

# Ost-Malaysia (Sarawak und Sabah)

## Das Beste!

- **Den Zauber** der Völker Sarawaks im Sarawak Cultural Village bei Kuching spüren › S. 122
- **Die Höhlen** im Gunung-Mulu-Nationalpark erkunden › S. 126
- **Den Bergwald** des Kinabalu-Nationalparks erwandern und sich anschließend in den heißen Quellen von Poring entspannen › S. 130
- **Orang-Utans, Nasenaffen** und anderen Dschungelbewohnern in Sepilok oder am Kinabatangan in freier Wildbahn begegnen › S. 134

# TOP-TOUREN › Ost-Malaysia › ⑩

**Die Insel Borneo überrascht mit multikulturellen Städten und Traumstränden, im Hinterland von Sarawak locken Langhäuser und riesige Höhlensysteme und in Sabah Orang-Utan und Elefanten sowie der alles überragende Gunung Kinabalu.**

In Ost-Malaysia auf der Insel Borneo unterscheiden sich die Menschen und Landschaftsformen erheblich von denen in West-Malaysia, sie sind sogar zwischen den beiden malaysischen Bundesstaaten Sabah und Sarawak überaus verschieden. Für jeden der beiden Landesteile Ost-Malaysias sollte man sich wegen der großen Entfernungen und erforderlichen Flüge mindestens eine Woche Zeit nehmen. Das Flugzeug ist im gebirgigen Inselinneren eine wichtige Verbindung zur Außenwelt. Die wichtigste Landverbindung ist der Trans Sarawak Highway von Kuching bis Brunei.

Das Eingangstor nach Sarawak ist die lebendige, multikulturelle Hauptstadt **Kuching**. Ihre kleinen Läden und Museen sowie das Kulturzentrum am nahen **Damai Beach** ermöglichen einen guten Einstieg in die kulturelle Vielfalt der Volksgruppen Borneos. Eine mehrtägige Fahrt zu den **Langhäusern** im Hinterland sollte bereits vor der Anreise gebucht werden, denn die Plätze auf guten Touren sind begrenzt. Der Trans-Sarawak-Highway oder das

## Tour ⑩

**Fahrt zu den Langhäusern**   Kuching › Batang Ai oder andere Flüsse im Hinterland › Kuching

Flugzeug verbinden Kuching mit **Miri**, das seine modernen Gebäude der Erdölförderung im nahen Südchinesischen Meer verdankt.

Bereits in prähistorischer Zeit von Menschen bewohnt waren die **Niah-Höhlen**, südlich von Miri. Im Landesinneren verspricht der **Gunung-Mulu-Nationalpark**, ein von Flüssen durchzogenes Dschungelgebiet mit riesigen Höhlen und steilen Kalkfelsen, abenteuerliche und eindrucksvolle Touren.

Der Staat **Brunei**, ein kleines aber dank dem Öl wohlhabendes Sultanat, liegt mit seinen beiden Landesteilen mitten in Sarawak. Dadurch sind bei der Überlandreise nach Sabah mehrere Grenzen zu überwinden. Wer nach Sabah fliegt, landet in **Kota Kinabalu**, einer modernen Geschäfts- und Verwaltungsstadt an der Küste. Die vorgelagerten Inseln des **Tunku-Abdul-Rahman-Nationalparks** und der über 4095 m hoch aufragende Gipfel des **Gunung Kinabalu** mit seinen artenreichen Bergwäldern sind innerhalb weniger Stunden zu erreichende reizvolle Ziele.

Eine knappe Flugstunde weiter östlich im Tieflanddschungel von **Sepilok** und **Kinabatangan** nahe der unspektakulären Hafenstadt **Sandakan** sind Begegnungen mit den seltenen Orang-Utans und Nasenaffen möglich. Im **Danum Valley** ist eines der schönsten Dschungelgebiete leider nur Forschern und Gästen einer exklusiven Lodge zugänglich. Taucher ziehen die Inseln in der Celebes-See in ihren Bann, vor allem die vor der abgelegenen Hafenstadt **Semporna** gelegene Insel **Sipadan** mit einem der artenreichsten Korallenriffe der Welt.

# Touren in der Region

## Tour 10 — Fahrt zu den Langhäusern

**Tour-Übersicht:**

**Verlauf: \*\*Kuching › \*Batang Ai oder andere Flüsse im Hinterland › \*\*Kuching**

**Länge:** bis zu 500 km
**Dauer:** 3 Tage
**Praktische Hinweise:**
- In Kuching werden Touren zu Iban-Langhäusern angeboten.
- Tagestouren sind keinesfalls zu empfehlen, da die An- und Abreise je nach Ziel mindestens 4–6 Stunden dauert. Wenn Sie 3 Tage einplanen, haben Sie die Möglichkeit einen Tag mit den Iban zu verbringen. Veranstalter › S. 120.
- Zudem können Sie im Kuching Hilton eine Tour zum Schwesterhotel am Batang Ai buchen, von dort aus Tagestouren zu verschiedenen Langhäusern und in den Batang-Ai-Nationalpark machen.

TOP-TOUREN › Ost-Malaysia › ⑪ Sabah umrunden › Karte S. 117

## Tour-Start:

Die meisten Touristen besuchen Langhäuser am Skrang- und Lemanak-Fluss oder oberhalb des Batang-Ai-Stausees im Siedlungsgebiet der Iban, etwa 100 km südöstlich von **Kuching** › S. 118. Sofern Sie keinen langen Anreiseweg zu ihrem Langhaus haben, besuchen Sie auf dem Hinweg das *Semenggoh Wildlife Rehabilitation Centre › S. 124, 32 km südlich, in dem Orang-Utans auf das Leben in Freiheit vorbereitet werden.

Halten Sie auf dem Rückweg, 8 km weiter, in **Jong's Krokodilfarm** › S. 125 an. Dort werden einheimische Krokodile von beeindruckender Größe gezüchtet.

Im kleinen landwirtschaftlichen Zentrum **Serian** können Sie sich auf dem Markt lokale Spezialitäten kosten und in der Nähe von **Tebedu** erfahren, wo der Pfeffer herkommt. Die letzte Strecke wird manchmal im Boot zurückgelegt, bei preiswerteren Touren fahren Minibusse direkt zum Langhaus.

## ⑪ Sabah umrunden

### Tour-Übersicht:

**Verlauf:** Kota Kinabalu › ***Gunung-Kinabalu-Nationalpark › Poring › Sandakan › **Sepilok › **Danum Valley › **Sipadan › Tawau

**Länge:** 950 km plus Rückweg
**Dauer:** 10 Tage ohne Badeurlaub

### Praktische Hinweise:

- Mietwagen für eine Rundreise können in Kota Kinabalu gemietet werden. Nur mit einem robusten Fahrzeug ist es möglich, von Tawau über die teils unbefestigte Straße via Kalabakan und Keningau in 1½ Tagen zurückzukehren.
- Mit Bussen fahren Sie vom nördlichen Busbahnhof in Kota Kinabalu in 2 Std. zum Gunung-Kinabalu-Nationalpark. Sofern Sie in Kundasang und nicht im Nationalpark selbst übernachten, bringen Sie lokale Busse zum Park. Zu den heißen Quellen in Poring kommen Sie am besten mit dem stündlichen Minibus ab Ranau.
- Informieren Sie sich vor Ort, wann die Expressbusse nach Sandakan (5 Std.) abfahren. Falls sie dort und nicht in Sepilok übernachten, kommen sie mit dem Taxi in 1 Std. nach Sepilok, und mit dem Expressbus um 7.30 und 14 Uhr in 5 Std. über Lahad Datu in die kleine Hafenstadt Semporna.
- Besucher des Danum Valley werden in Lahad Datu, Taucher in Semporna oder am Airport der quirligen Grenzstadt Tawau abgeholt, die ab Sandakan und Kota Kinabalu angeflogen wird.

## Tour-Start:

Schon allein zum Einkaufen und Essengehen lohnt es sich, einen Tag in der lebendigen Hauptstadt **Kota Kinabalu** › S. 128 zu verbringen, ganz abgesehen vom *Museum, den vorgelagerten Inseln und nahen

⑪ ‹ Ost-Malaysia ‹ TOP-TOUREN

Stränden. Bei klarem Wetter lockt der überall sichtbare höchste Berg des Landes. Vielleicht können Sie auf der Fahrt zum ***Kinabalu-Nationalpark** › S. 130 einen Abstecher zu einem Tamu (Wochenmarkt) einplanen, z. B. am Sonntag in Kota Belud. Nach ausgiebigen Wanderungen oder gar der Besteigung des Gipfels lockt ein wohlverdientes Bad in den heißen Quellen von **Poring** › S. 132.

Tag 5 ist für die Fahrt auf dem Trans-Sabah-Highway nach **Sandakan** › S. 133 reserviert, damit Sie am folgenden Morgen in **\*\*Sepilok** › S. 134 beim Füttern der Orang-Utans dabei sein können. Nun fahren Sie durch endlose Ölpalmplantagen bis Lahad Datu, von wo aus Sie ins **\*\*Danum Valley** › S. 135 gelangen. Nach der Rückkehr geht es

Selten zeigt sich der majestätische Gunung Kinabalu unverhüllt

## Tour ⑪

**Sabah umrunden** › Kota Kinabalu › Gunung-Kinabalu-Nationalpark › Poring › Sandakan › Sepilok › Danum Valley › Sipadan › Tawau

weiter nach **Semporna** und per Boot auf eine der Inseln. Taucher lockt **\*\*Sipadan** › S. 136. Da die Kapazitäten zum Schutz der Natur dort begrenzt sind, können Sie auch auf eine Nachbarinsel ausweichen, vor allem, wenn Sie nur schnorcheln wollen. Zurück nach Kota Kinabalu müssen Sie mit einem Pkw auf derselben Strecke zurückfahren, deshalb lohnt es sich nicht, weiter in die Hafenstadt **Tawau** › S. 138, nahe der Grenze zu Indonesien, zu fahren. Mit einem Geländewagen können Sie für den Rückweg dagegen die abenteuerliche, teils unbefestigte Strecke via Kalabakan und Keningau benutzen.

# Unterwegs in Sarawak

## 9 \*\*\*Kuching 1

Die Hauptstadt von Sarawak ist eine moderne multikulturelle Metropole mit 682 000 Einwohnern. Der Name der »Stadt der Katze« geht auf ein Missverständnis zurück: Bei seiner Ankunft wollte James Brooke den Namen der kleinen Siedlung am Fluss erfragen und deutete auf eine Stelle, an der eine Katze saß, die Einheimischen antworteten: *kuching* – Katze.

### Am Fluss

Entlang des Sarawak-Flusses lädt die als Erholungspark gestaltete **\*Waterfront A** zum Bummeln ein. *(Erstklassig)* Der erstmals 1843 erwähnte **Tua-Pek-Kong-Tempel B** ist der älteste chinesische Tempel der Stadt.

Das **Chinese History Museum C** informiert anschaulich über das Leben der chinesischen Einwanderer *(Erstklassig)* (Mo–Fr 9–16.30, Sa/So 9–16 Uhr, Eintritt frei). Der **Square Tower D** diente einst der Verteidigung der Stadt. Gegenüber erhebt sich der 1874 erbaute ehemalige **Oberste Gerichtshof** *(Court House)* **E** mit viktorianischen Säulen und dem kleinen Glockentürmchen. An seiner Flussseite erinnert ein 6 m hoher Granitobelisk an Charles Brooke, den zweiten Raja, und auf Bronzetafeln sind Vertreter der größten Bevölkerungsgruppen Sarawaks abgebildet.

### Rund um den Padang Merdeka

Ein sehenswertes **\*Textilmuseum F** mit besonders schönen traditionellen Iban-Decken (*Puah*), Babytragen mit Perlenstickereien und Kleidung aus Baumrinde ist in den Pavillon in der Jl. Tun Abang Haji Openg eingezogen (Mo–Fr 9–16.45, Sa/So 10–16 Uhr, Eintritt frei). Nebenan wird im **Runden Turm** traditionelles Kunstgewerbe hergestellt und verkauft. *(Erstklassig)*

Über die Jl. Market kommt man zur alten **Staatsmoschee G** mit ihren goldglänzenden Kuppeln. Ebenfalls vergoldete Kuppeln zieren das zweigeschossige **Sikh-Heiligtum Gurdwara Sahib H** ganz in der

Nähe. Vorbei am Padang Merdeka führt der Weg zum 1888 von Charles Brooke gegründeten, interessanten **Sarawak-Museum** ❶. Im Hauptgebäude sind die naturkundliche Sammlung und eine Ausstellung zur Erdölwirtschaft untergebracht. Im Obergeschoss werden Kunst- und Alltagsgegenstände der Völker Sarawaks präsentiert. In den Komplex integriert ist ein **Islamisches Museum** ❿ (www.museum.sarawak.gov.my, Mo–Fr 9–16.45, Sa/So 10–16 Uhr, Eintritt frei).

Im Sarawak-Museum

## Jenseits des Sungai Sarawak

Der riesige, umstrittene Bau des **State Assembly Building** ❾ neben dem Fort Margherita dominiert die Skyline. Dagegen wirkt das benachbarte **Fort Margherita** ❶, das zum Schutz der Stadt 1879 erbaut wurde, eher unscheinbar. Auf dem Nordufer (Boote legen von verschiedenen Piers an der Waterfront ab)

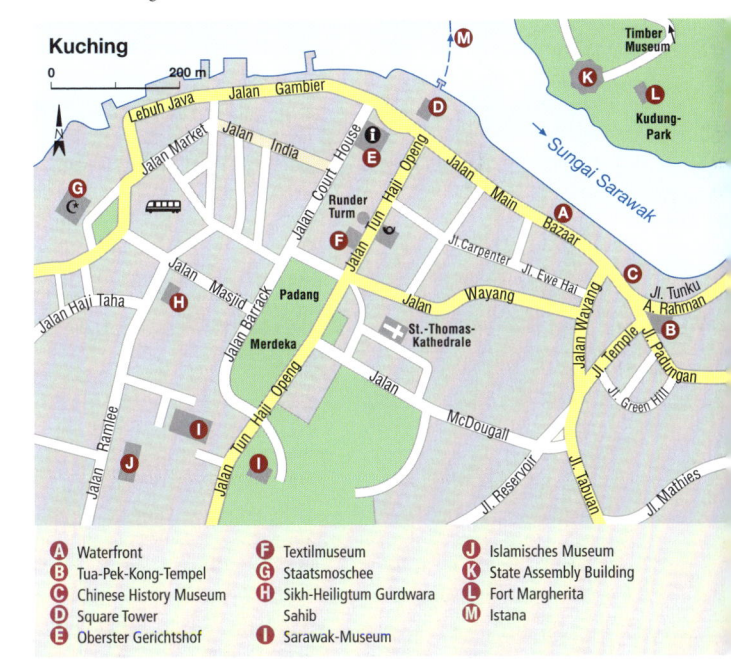

**Kuching**

- Ⓐ Waterfront
- Ⓑ Tua-Pek-Kong-Tempel
- Ⓒ Chinese History Museum
- Ⓓ Square Tower
- Ⓔ Oberster Gerichtshof
- Ⓕ Textilmuseum
- Ⓖ Staatsmoschee
- Ⓗ Sikh-Heiligtum Gurdwara Sahib
- Ⓘ Sarawak-Museum
- Ⓙ Islamisches Museum
- Ⓚ State Assembly Building
- Ⓛ Fort Margherita
- Ⓜ Istana

steht auch die **Istana** ⓜ, ein Palast, den Charles Brooke 1870 errichten ließ. Ca. 2 km nördlich wird im **Timber Museum** in Wisma Sumber Alam (STIDC Bldg., Verwaltungsgebäude der Holzwirtschaft) unter verschiedenen Aspekten der Wald und seine wirtschaftliche Nutzung vorgestellt (Mo–Fr 8.30–17 Uhr, www.sarawaktimber.org.my). In der Kuching North City Hall werden sich Katzenfreunde die vielfältige Sammlung des Katzenmuseums nicht entgehen lassen (Cat Museum, tgl. 9–17 Uhr, Eintritt frei).

**Erstklassig**

### Info

**Visitors Information Centre**
- Jl. Tun Abang Haji Obeng, Court House
- Tel. 082/410 944/2
- www.sarawaktourism.com
- Mo–Fr 8–17 Uhr

**SEITENBLICK**

#### Die Völker Sarawaks

23 verschiedene Volksgruppen bilden die 2,4 Mio. Einwohner des Bundesstaates. Die **Iban**, Jahrhunderte als Krieger gefürchet, stellen mit 30 % die größte Gruppe. Die Küsten sind traditionelles Siedlungsgebiet der **Melanau**, ein Fischervolk. Die **Penan** leben zum Teil noch immer als Nomaden in den Wäldern Borneos. Auch die Vorfahren der **Iban**, **Bidayuh** und **Orang Ulu** zogen noch vor wenigen Generationen jagend durch die endlosen Regenwälder. Die Abholzung ihrer Jagd- und Siedlungsgebiete und die rasche Ausbreitung der Ölpalmplantagen stellt viele nun vor existenzielle Probleme.

**Sarawak Forestry**
Hier können Unterkünfte in einigen nahe gelegenen Nationalparks von Sarawak gebucht werden.
- 218, KCLD, Jl. Tapang, Kota Sentosa
- Tel. 082/610 088
- www.sarawakforestry.com
- Mo–Fr 8–17 Uhr.

### Verkehr

- **Flugzeug:** Flughafen 12 km südlich der Stadt (Transfer mit dem Taxi). Tgl. Flüge nach Kota Kinabalu, Kuala Lumpur, Johor Bahru und Singapur; dichtes Flugnetz innerhalb Sarawaks. Air Asia fliegt zudem nach Singapur, Macau und zu verschiedenen Zielen in Malaysia.
- **Bus:** Fern- und Regionalbusse ins Landesinnere und über den Trans Sarawak Highway via Brunei bis Kota Kinabalu in Sabah fahren vom neuen Bus Terminal in der Nähe des Flughafens ab (dorthin mit dem Taxi).
- **Taxis** kosten im Stadtverkehr 10–20 RM, für die Ausflüge sind um die 30 RM pro Std zu zahlen.
- **Mietwagen**: Für kleine Autos sollten man 500 RM pro Woche, Geländewagen ab 1600 RM kalkulieren.

### Veranstalter Langhaustouren

**Diethelm Travel**
- Lot 257
- Jl. Chan Chin Ann
- Tel. 082/412 778
- www.diethelmtravel.com (auch deutschsprachig)

**Borneo Adventure**
- 55 Main Bazaar
- Tel. 082/245 175
- www. borneoadventure.com

**CPH Travel Agencies**
- 70 Jl. Padungan
- Tel. 082/414 921
- www.cphtravel.com.my

## Hotels

**Kuching Hilton** ●●●

*Erst-klassig* Das beste Hotel der Stadt: geräumige Zimmer, professioneller Service. 3 Restaurants, die hervorragende Küche im gediegenen Ambiente bieten: chinesische Gerichte im Toe Yuen, west-östliches Buffet im Waterfront und Steakhouse. Diskothek.
- Jl. Tunku Abdul Rahman
- Tel. 082/248 200
- www.hilton.com

**Pullman** ●●●

In einem Hochhaus über einer Shopping Mall und einer riesigen Lobby 389 moderne Zimmer mit neuester Technik. Restaurants, Pool, Spa.
- 1A Jalan Mathies
- Tel. 082/222 888
- www.pullmanhotels.com/kuching

**The Lime Tree Hotel** ●●

*Erst-klassig* Kleine Zimmer und hübsche Suiten in frischen Limonenfarben. Café und Rooftop Lounge mit guten Mojitos.
- 317 Jalan Abell
- Tel. 082/414 600
- www.limetreehotel.com.my

**360Xpress City Centre** ●

Für den günstigen Preis bietet das nah am Wasser gelegene moderne Budgethotel sehr viel: nette Zimmer, W-Lan, Sat-TV, bequeme Betten.
- Wisma Phoenix, Jl. Song Thian Cheok
- Tel. 082/236 060
- www.360xpress.com.my

Die Iban sind die größte Bevölkerungsgruppe Sarawaks

**Telang Usan** ●

Freundliches, von Orang Ulu gemanagtes Hotel in ruhiger Nachbarschaft.
- Jl. Ban Hock
- Tel. 082/415 588
- www.telangusan.com

## Restaurants

**Bla Bla Bla Restaurant** ●●

Modernes Restaurant mit überdachtem Innenhof und klimatisiertem 1. Stock. Chinesische Gerichte mit westl. Touch.
- 27 Jl. Tabuan
- Tel. 082/233 944

**the.Dyak** ●●

In ansprechendem Ambiente genießt man modernisierte typische Iban-Gerichte zu *tuak* (Reiswein).
- Lot 29, Panovel Commercial Complex
- Jl. Simpang Tiga
- Tel. 082/234 068

**The Junk** ●●

Kleines, gemütliches Restaurant mit westlicher Küche und Bar.
- 80 Jl. Wayang
- Tel. 082/259 450

### Top Spot Food Court •
Essensstände auf dem Parkhausdach, v. a. leckeres chinesisches Seafood. [Erst-klassig]
- Jl. Bukit Mata Kuching
- Tgl. 16–23 Uhr

#### Shopping

**Main Bazaar**
Die Parallelstraße zur Kuching Waterfront ist eine Fundgrube für Souvenirjäger, auch Galerien und Antiquitätenhändler reihen sich dort. [Erst-klassig]

**Sarawak Craft Council**
Schönes Kunsthandwerk.
- Lat 32, Jl. Tun Abang Haji Openg
- www.sarawakhandicraft.com.my

**Einkaufszentren**
Unter dem Pullman Hotel erstreckt sich das neueste: Hills Shopping Mall. Auf der Straße zum Airport liegt das riesige The Spring Mall.

## Damai 2

Die Halbinsel Santubong, etwa 35 km nördlich von Kuching, wird vom 810 m hohen Gunung Santubong überragt und ist größtenteils noch mit Primärregenwald bedeckt. Sandstrände verlocken zum Bleiben, Damai Beach ist die beliebteste Badebucht mit zwei großen Resorts, die auch Touren und Wassersport anbieten.

Auf einem 9 ha großen Gelände vermittelt das **\*Sarawak Cultural Village** mit seinem Freiluftmuseum einen umfassenden Einblick in das Leben der Völker Sarawaks. [Erst-klassig] So sind Langhäuser der Bidayuh, Iban und Orang Ulu ebenso zu besichtigen wie das *rumah tinggi* (»Hochhaus«) der Melanau, die Hütten der Penan-Nomaden und die Häuser der Malaien und Chinesen. Die Besucher erhalten Einblick in die Herstellung von Kunsthandwerk und Blasrohrschießen. Außerdem werden *tuak* (Reiswein) der Iban und typische Speisen wie Sago-Kuchen angeboten. Um 11.30 und 16 Uhr finden Tanzvorführungen statt. [Erst-klassig] Jeweils am 2. Wochenende im Juli ist die Bühne Schauplatz des Rainforest World Music Festivals (tgl. 9–17 Uhr, Eintritt 60 RM, www.scv.com.my).

#### Verkehr

- **Bus:** Zwischen Kuching und Damai verkehrt etwa alle 2 Std. (7.30 bis 22 Uhr) ein Pendelbus.

#### Hotels

**Damai Beach Resort •••**
Weitläufige etwas veraltete Anlage mit Spa und Golfplatz.
- Damai Beach
- Tel. 082/846 999
- www.damaibeachresort.com

**Damai Puri Resort & Spa •••**
Modernes, großes Resort, 2 große Pools, Spa und Tennisplatz.
- Damai Beach
- Tel. 082/ 846 900
- www.damaipuriresort.com

**Village House ••**
Wunderschönes familiäres Boutiquehotel nahe dem Meer mit Pool und Restaurant. [Erst-klassig]
- Am Ortsrand von Santubong
- Tel. 082/846 166
- www.villagehouse.com.my

## SPECIAL
# Eine Nacht im Langhaus

Bei einem Besuch eines traditionellen Langhauses an einem der Flüsse Skrang, Lemanak und Batang Ai im Hinterland von Kuching lernen Sie die Traditionen und den Alltag der Iban kennen. (Tour-Veranstalter › S. 120).

Viele Iban glauben noch immer an die Kräfte und Geister des Waldes, seiner Pflanzen und Tiere. Ihre oberste Gottheit, *singalang burong*, ist gleichzeitig Kriegsgott. In einigen Dörfern gibt es noch einen *lemambang*, einen Priester und Medizinmann, der mit den Seelen der Toten in Kontakt tritt. Traditionell leben die Dorfgemeinschaften in Langhäusern, die nicht selten Längen von 150 m und mehr erreichen. Zum Schutz vor Ungeziefer und wilden Tieren wurden die Häuser auf Pfählen errichtet. Innerhalb des Langhauses hat jede Familie ihren eigenen Bereich mit Küche, Schlaf- und Wohnraum. Das Dorfleben spielt sich auf der überdachten Gemeinschaftsveranda ab. Hauptnahrungsmittel der Iban ist Reis. Gemüse aus den Gärten, Hausschweine, Hühner und Fische ergänzen den Speisezettel. Daneben werden auf kleinen Parzellen Kautschuk und Pfeffer für den Verkauf angebaut.

Traditionell waren Grund und Boden um die Siedlung Gemeinschaftsbesitz des Dorfes. Privaten Grundbesitz gab es nur so lange, wie die Parzelle auch tatsächlich genutzt wurde. Heute sind weite Teile des Siedlungsgebietes der Iban im Besitz des Staates, der Nutzungskonzessionen vergibt, allerdings nicht nur an die lokale Bevölkerung.

Da ausreichende Einkommensquellen in vielen Dörfern fehlen, ist es Tradition, dass die Jüngeren die Langhäuser verlassen und in Städten, auf Plantagen oder in der Industrie Geld verdienen. Einigen Langhausgemeinschaften verschafft der Tourismus ein bescheidenes Nebeneinkommen durch den Verkauf von Holzschnitzereien, Web- und Flechtarbeiten.

Bild oben: Das Dorfleben im Langhaus spielt sich im Flur ab.

## *Bako-Nationalpark

Auf einer Halbinsel nahe Kuching überrascht der älteste Nationalpark Sarawaks mit vielfältigen Landschaftsformen und einer Küste mit Stränden, Felsen und Mangroven. Hier kann man gut wandern und relaxen und wohnt in einfachen Unterkünften, die in Kuching bei Sarawak Forestry (www.sarawakforestry.com) gebucht werden können. Boote ab Bako Bazaar nach Teluk Assam (Headquarter), 37 km von Kuching.

## *Semenggoh Wildlife Rehabilitation Centre

In einem 32 km südlich von Kuching gelegenen Naturschutzgebiet werden illegal gehaltene und konfiszierte Orang-Utans an das Leben in der Wildnis gewöhnt. Die beste Zeit für einen Besuch sind die Fütterungszeiten gegen 9 und 15 Uhr, dann tauchen die Menschenaffen manchmal aus dem Dschungel auf. Anfahrt mit dem Taxi ab Kuching.

**Erst-klassi**

---

**SEITENBLICK**

### Reichtum und Fluch in Sarawak

Sie haben so exotische Namen wie Meranti oder Selangan, und sie sind ein weltweit geschätztes Gut: die Baumriesen aus den Wäldern Malaysias. Das Land gehört neben Indonesien und Brasilien zu den weltgrößten Exporteuren tropischer Harthölzer. Man schätzt, dass in Malaysia täglich 400 ha Regenwald zerstört werden. Allein im Bundesstaat Sarawak ist bereits der größte Teil der Waldflächen abgeholzt: Der wirtschaftliche Reichtum Sarawaks basiert vor allem auf ergiebigen Erdöl- und Erdgasvorkommen sowie dem Export von Palmöl und Edelhölzern, die zunehmend zur Neige gehen. Gigantische Wasserkraftwerke, für die noch mehr Wald abgeholzt wird, sollen die Energie bis nach Sarawak liefern – wogegen sich Umweltschützer und Waldvölker wehren, die um ihre Heimat fürchten.

Von den über 2500 Baumarten der malaysischen Wälder sind lediglich 150 nutzbar. Um an diese verstreut stehenden Exemplare heranzukommen, planieren Bulldozer das Terrain, damit schwere Lastwagen bis zu den begehrten Baumstämmen vordringen können. Mit dem steigenden Bedarf an Biokraftstoffen weichen zudem mehr und mehr Wälder monotonen Ölpalmplantagen, die bereits weite Teile des Landes bedecken. Nicht selten kommt es in Folge der Rodung und Monokultur zu Überschwemmungen, zu Bodenerosionen und zur Verunreinigung der Flüsse.

Mittlerweile hat die Regierung, nicht zuletzt durch internationalen Druck, unkontrollierte Abholzungen verboten. Gesetzlich geschützt aber sind lediglich die relativ kleinen Areale der Nationalparks. In den anderen Gebieten wird versucht, eine Forstwirtschaft aufzubauen, die sich nach einem kontrollierten Holzeinschlag auch um die nötige Wiederaufforstung kümmern soll.

## Jong's Krokodilfarm [5]

In der großen, zertifizierten Farm, 500 m abseits der Hauptstraße, leben etwa 1000 Leistenkrokodile und Süßwassergaviale. Die brütenden Weibchen und ausgewachsenen Tiere können aggressiv reagieren und stellen bei der Fütterung um 11 und 15 Uhr ihre Schnelligkeit und Wendigkeit unter Beweis (tgl. 9 bis 17 Uhr; www.jongscrocodile.com, ab Kuching mit Taxi oder Bus 3A).

### Hotel

**Hilton Batang Ai Longhouse Resort** ●●–●●●
Abgelegene, aber komfortable Anlage im Langhausstil mit Pool in schöner Lage im Regenwald. Buchungen nur über das Hilton in Kuching, › S. 121.
- Am Batang-Air-Stausee
- Tel. 083/584 388

## Miri [6]

Die größte Stadt im Norden Sarawaks verdankt ihren Reichtum den großen Erdölvorkommen in der Region. Seit hier 1910 die erste Ölquelle entdeckt wurde, wuchs der Ort zum Wirtschaftszentrum mit über 300 000 Einwohnern. Das *Petroleum Museum neben dem ersten Bohrturm auf dem Canada Hill vermittelt auf unterhaltsame Weise einen guten Einblick in die Petroleumindustrie (Di–Fr 9–16.45, Sa/So 10–16 Uhr, Eintritt frei).

### Info

**Visitors Information Centre**
Gute Infos über Miri und Nord-Sarawak.
- 452 Jl. Melayu (am Nahverkehrs-Busbahnhof)
- Tel. 085/434 181
- Mo–Fr 8–18, Sa/So, Fei 9–15 Uhr.

**National Parks Booking Office**
U.a. für Unterkünfte in den Parks.
- im Visitor Information Centre
- Tel. 085/434 184
- Mo–Fr 8–17 Uhr

### Verkehr

- **Flugzeug:** Flüge nach K.L., Labuan und Kota Kinabalu sowie in alle Küstenstädte von Sarawak, außerdem ins im Hinterland von Sarawak, u. a. zum Gunung-Mulu-Nationalpark. In die Stadt mit dem Bus oder Coupon-Taxi.

### Hotels

**Miri Marriott Resort & Spa** ●●●
Luxushotel am Strand, 4 km südlich des Zentrums; mehrere Restaurants.
- Jl. Temenggong Oyong Lawai
- Tel. 08/421 121
- www.marriott.com

**Imperial Hotel** ●●
Angenehmes Stadthotel mit sehr gut ausgestatteten Zimmern, Pool, Spa und Fitnesscenter.
- Lot 827 Jl. Post
- Tel. 085/431 133
- www.imperialhotel.com.my

### Restaurants

**Meng Chai Seafood Centre** ●●
Sehr gute Fischgerichte.
- Jl. Merbau

**Ming Café** ●
Prima westliche und asiatische Gerichte.
- Jl. North Yu Seng, Ecke Jl. Merbau

## *Niah-Höhlen 7

Etwa 100 km südlich von Miri liegt das verzweigte Höhlensystem der Niah Caves. Die größte der Höhlen, die Great Cave, kann besichtigt werden. Der Hauptzugang ist 250 m breit und 75 m hoch! An den Wänden und Decken nisten Fledermäuse und Tausende von Salanganen. Einheimische steigen zwischen September und März an Bambusstangen zur Höhlendecke hinauf, um die bei Chinesen als Delikatesse begehrten Vogelnester einzusammeln – halsbrecherisch, aber lukrativ.

Im Eingangsbereich der Höhle fanden Archäologen den Schädel eines Menschen, der hier vor etwa 40 000 Jahren lebte. Das **Archäologische Museum** an der Fähre innerhalb des Parks informiert über prähistorische Funde und die Tier- und Pflanzenwelt (Gehzeit bis zur Höhle ca. 1 Std. über einen schlüpfrigen Plankenweg durch den Regenwald).

Erst-klassig

### Verkehr

■ Mit dem **Taxi** von Miri zum Parkeingang (15 km, 30 RM).

### Hotel

**Park-Unterkünfte** ●–●●
Holzbungalows mit Ventilator, einfaches Restaurant vorhanden.
■ In Pangkalan Lubang, am Parkeingang
■ Buchung direkt (Tel. 085/737 454) oder über das Forestry-Büro › S. 120

## ***Gunung-Mulu-Nationalpark 8

Seit 2000 gehört der spektakuläre Höhlenpark zum UNESCO-Weltnaturerbe. Forscher erkunden seit den 1970er-Jahren das Hochland um den 2377 m hohen Gunung Mulu im Nordosten Sarawaks. Sie entdeckten eine Weltsensation: Die **Sarawak Chamber:** die weltweit größte Höhlenkammer. Sie ist 600 m lang, 450 m breit und 100 m hoch – groß genug, um acht Jumbojets darin unterzubringen. Einige weitere Höhlen wurden seither mit Plankenwegen erschlossen und sind streckenweise Besuchern zugänglich. Weitere Passagen können nur im Rahmen von »Adventure Caving«-Touren besucht werden. Am Vormittag erleuchtet sind **Wind Cave** mit bizarren Tropfsteinen und **Clear Water Cave**. Von letzterer sind bislang 140 km erforscht, sodass sie als weitläufigstes Höhlensystem in Südostasien gilt. Sie wird von einem reißenden Fluss durchflossen, der urplötzlich in den Kalkfelsen verschwindet.

Die Clear Water Cave gilt als weitläufigstes Höhlensystem Südostasiens

Die Höhlen sind auf einem 3 km langen Plankenweg oder mit dem Boot zu erreichen. Die Boote halten auf dem Weg an einem **Langhaus** der Punan, ehemalige Dschungelnomaden, die ihre Handwerksprodukte zum Verkauf anbieten.

Nachmittags beginnt am Headquarter die 3 km lange Wanderung zu zwei weiteren Höhlen (nur mit Führer, Taschenlampe für den Rückweg mitnehmen): Zuerst geht es zur **Lang's Cave**, als längste bisher bekannte Höhlenpassage der Erde stellte sich die 2160 m lange und 220 m breite **Deer Cave** heraus. Sie ist die Heimat von Millionen Schwalben und Fledermäusen, die Berge von Guano hinterlassen. Ein Naturschauspiel bietet sich allabendlich vor der Deer Cave: Im Licht der untergehenden Sonne verlassen Millionen Fledermäuse ihre Ruheplätze, um in lang gestreckten Schwärmen auf Futtersuche zu gehen. Weitere Wanderwege sind markiert. Lohnend ist die Tour zum **Canopy Skywalk**, einem 480 m langen System von Hängebrücken, das über den Fluss durch die Wipfelregion der Baumriesen führt.

Auf Urwaldflüssen und steilen Pfaden erreicht man in zwei Tagen die bizarren Felsnadeln (Pinnacles) an den Hängen des Gunung Api. Eine mehrtägige, anstrengende Trekkingtour führt durch dichten Bergwald zum Gipfel des **Gunung Mulu,** des zweithöchsten Bergs Sarawaks. Für diese beiden Touren sollten Sie einen erfahrenen Führer engagieren und sich in ausgezeichneter körperlicher Verfassung befinden.

## Info

### Park Headquarters
Der Park ist ganzjährig zugänglich. Nach der Ankunft muss man sich in den Park Headquarters registrieren lassen und erhält alle notwendigen Infos über Aktivitäten im Gebiet des Nationalparks.
- Tel. 085/792 800
- www.mulupark.com

### Verkehr
- Mas Wings fliegt mehrmals tgl. von Miri, mehrmals pro Woche von Kuching und Kota Kinabalu nach Mulu.

### Hotels

**Royal Mulu Resort** ●●●
Hübsch gelegene Anlage im Stil eines Langhauses mit allem Komfort.
- Tel. 085/792 388
- www.royalmuluresort.com

**Park-Unterkünfte** ●●
Bungalows und Chalets mit sauberen Zimmern, Ventilator oder Klimaanlage.
- Tel. 085/792 300
- www.mulupark.com

**Tropical Adventure** hat in Mulu ein eigenes einfaches Chalet.

### Veranstalter für Mulu-Touren

**Tropical Adventure**
- Lot 906-12, Soon Hup Shopping Complex, Jalan Maju, Miri
- Tel. 085/419 337
- www.borneotropicaladventure.com

**Planet Borneo**
- 273 Brighton Centre
- Jl. Temenggong Oyong Lawai, Miri
- Tel. 085/415 582
- www.planetborneotours.com

# Unterwegs in Sabah

## Kota Kinabalu [1]

Die Hauptstadt des Bundesstaates (630 000 Einw.) Sabah präsentiert sich als moderne Großstadt ohne besondere Reize. Ruhe und Entspannung am Strand bietet der südliche Vorort **Tanjung Aru** sowie die herrlichen Strände ca. 20 km nördlich. Das *****Sabah-Museum** im Süden der Stadt (Jl. Tunku Abdul Rahman) präsentiert die verschiedenen Volksgruppen, ihre Kultur und ihre Lebensweisen. Auch die Abteilung zu Flora und Fauna ist informativ. Die Art Gallery zeigt Werke zeitgenössischer einheimischer Künstler, im Garten stehen typische Häuser der Volksgruppen (tgl. 9–17 Uhr, 15 RM, www.sabah.gov.my).

Im **Lok Kawi Wildlife Park,** 15 km südlich der Stadt, an der Jl. Penampang – Papar Lama, kann man viele einheimische Tiere aus nächster Nähe sehen (tgl. 9.30–17.30 Uhr, 20 RM). Das **Mari Mari Cultural Village** stellt fünf Volksgruppen sowie ihre typischen Häuser, Kultur und Tänze vor (19 km nordöstl. am Kionsom-Wasserfall, Tel. 088/260 501, www.traversetours.com). Ähnlich im **Monsopiad Cultural Village**, wo sich die Kadazan präsentieren (15 km südlich der Stadt, tgl. 9 bis 17 Uhr).

### Info

**Sabah Tourism Board**
- 51 Jl. Gaya
- Tel. 088/212 121
- www.sabahtourism.com
- Mo–Fr 8–17, Sa/So/Fei 9–16 Uhr

**Sutera Sanctuary Lodges**
Unterkünfte im Kinabalu- und Tunku-Abdul-Rahman-Nationalpark.
- 1 Sutera Harbour Boulevard
- Tel. 088/318 888
- www.suteraharbour.com

### Verkehr

- **Flugzeug:** Airport 8 km südl. der City; tgl. Flüge nach Kuala Lumpur, Kuching, Tawau, Labuan, Lahad Datu, Miri, Mulu, Sandakan, Brunei, Singapur, Cebu, Manila.

Ureinwohnerin Sabahs

- **Mietwagen:** Rundreisen lassen sich bequem mit Mietwagen (ab 180 RM/Tag bzw. ab 1100 RM/Woche, u.a. rentalcars.com, www.borneo-rentacar.com) unternehmen bis ins 550 km entfernte Tawau; für den Rückweg über die unbefestigte Strecke via Kalabankan braucht man einen Geländewagen.
- **Bus:** Regelmäßige Verbindungen nach Sandakan (7 Std.) und in alle größeren Orte Sabahs.

## Hotels

### Shangri-La's Tanjung Aru Resort
Ideal für Kinder, dieses und das Schwesterhotel.
- Tanjung Aru Beach
- Tel. 088/327 888

### Shangri-La's Rasa Ria Resort ●●●
*Erst-klassig*
Die beiden Hotels gehören zu den schönsten Anlagen Sabahs, mit Pools und Restaurants. Shuttleservice in die City, Boote zu den Inseln.
- Pantai Dalit Beach
- 1 Std. nördlich der Stadt
- Tel. 088/797 888
- www.shangri-la.com

### Hyatt Regency ●●●
Im Stadtzentrum, unmittelbar am Meer. Erstklassige Restaurants, Pool.
- Jl. Salleh Sullong
- Tel. 088/221 234
- www.hyattregency.kinabalu.com

### Hotel Eden54 ●●
Schickes Boutiquehotel mit breiten Betten, TV und Wasserkochern.
- 54 Jl. Gaya
- Tel. 088/266 054
- www.eden54.com

## Restaurants

### Seri Selera Kg Air ●–●●
Dorado für Seafood-Fans: Food Court speziell für frische Fisch- und Meeresfrüchte-Gerichte.
- Jl. Kg Air 4
- www.seriselera.com

### The Waterfront ●–●●
Neue Bummelmeile am Wasser mit diversen Restaurants und Bars.

## Einkaufen

### Handicraft Market
(auch: Philippino Market)
Preiswertes Kunsthandwerk.
*Erst-klassig*
- Jl. Tun Fuad Stephens
- Tgl. 7.30–19.30 Uhr

### Sunday Market
Großer Straßenmarkt am Sonntagvormittag, 6.30–14 Uhr.
*Erst-klassig*
- Jalan Gaya

### SEITENBLICK

#### Markterlebnis pur
Am frühen Sonntagvormittag kommen die Bewohner der Region zum *tamu*, dem farbenprächtigen Wochenmarkt, in das kleine Städtchen Kota Belud, 70 km nordöstlich von Kota Kinabalu. Marktfrauen bieten Früchte, Gemüse, Fische, Haustiere, Batikstoffe usw. an. Selbst Wasserbüffel und Pferde werden gehandelt. Weitere Tamu finden sonntags in Tuaran, Tenom, Putatan, Papar und Membakut statt, mittwochs in Tamparuli, donnerstags in Tambunan, Keningau und Sipitang, freitags in Weston und samstags in Beaufort.
*Erst-klassig*

# Tunku-Abdul-Rahman-Nationalpark 2

Nur wenige Minuten Bootsfahrt von Kota Kinabalu entfernt liegen die Inseln **Gaya, Sapi, Manukan, Mamutik** und **Sulug**. Mit den angrenzenden Korallenriffen wurden sie zum Nationalpark erklärt. Auf Gaya und Sapi gibt es ausgeschilderte Spazierwege. Manukan mit der Parkverwaltung, Restaurant und Bungalows ist an Wochenenden ein beliebtes Ausflugsziel. Tauchschulen in Kota Kinabalu bieten sowohl Anfängern als auch erfahrenen Tauchern Exkursionen an.

### Veranstalter von Tauchtouren

**Borneo Divers**
- Menara Jubilee
- Tel. 088/222 226
- www.borneodivers.info

**Sabah Divers**
- Wisma Sabah
- Tel. 088/256 483
- www.sabahdivers.com

### Verkehr

- Von der Jetty Kota Kinabalus, nördlich des Zentrums in der Jl. Pantai, verkehren regelmäßig **Fähren** nach Pulau Gaya.

## ***Kinabalu-Nationalpark 3

Der »Berg der Götter« gilt mit 4095 m Höhe als höchster Berg zwischen dem Norden Birmas und Neuguinea. In den Mythen der lokalen Bevölkerung, der Kadazan, ist das mächtige Granitmassiv Sitz der Götter und Ruhestätte der Verstorbenen. Auf Grund seiner einmaligen Landschaft und Vegetation wurde er zum UNESCO-Weltnaturerbe erklärt. Im 750 km² großen Nationalpark um den Berg leben hunderte Vogelarten, darunter Nashornvögel und Schlangenadler, außerdem Halbaffen, Zwerghirsche und Wildschweine. Sämtliche Vegetationszonen der Tropen sind im Park vertreten.

### Bergbesteigung

Im kühlen Bergklima kann man sehr gut trekken. Die meisten Besucher reizt natürlich vor allem die Besteigung des Gunung Kinabalu, die als relativ einfach gilt, und mit sehr guter Kondition und passender Ausrüstung auch ohne bergsteigerische Erfahrung in zwei Tagen zu bewältigen ist, empfehlenswert ist aber eine dreitägige Tour. Ausgangspunkt ist das Park Headquarter in knapp 1600 m Höhe, wo man das Permit (15 RM, plus Gipfelgebühr 120 RM) und den Guide zugewiesen bekommt (130 RM für bis 3 Personen). Hier kann man auch übernachten und sich mit Proviant eindecken. Der Aufstieg beginnt am Timpohon Gate (1900 m) oberhalb des Headquarters.

Im **tropischen Bergwald** gedeihen ab 900 m Höhe zahlreiche Eichen, Farne und etwa 1500 Orchideenarten. Nadelbäume mit herabhängenden Bartflechten des **tropischen Nebelwaldes** zeigen an, dass man sich

Der Aufstieg auf den Kinabalu ist anstrengend, aber zu schaffen

über 2000 m hoch befindet. Die Szenerie hat etwas Gespenstisches. Zwischen Rhododendren wachsen Nepentes, Insekten fressende Kannenpflanzen von bizarrer Schönheit. In 3000 m Höhe beginnt die **alpine Zone** mit Zwergsträuchern, Flechten und Moosen. Der Gipfelbereich besteht aus nahezu vegetationslosen Granitfelsen.

Entlang des Weges gibt es Rastplätze, Schutzhütten und Trinkwassertanks. Nach 4 bis 5 Std. erreicht man die Unterkünfte in über 3300 m Höhe.

Zur üblichen Trekkingausrüstung › S. 138 gehören hier auch Arbeitshandschuhe zum Schutz der Hände an Seilen und Felsen im Gipfelbereich und warme, regendichte Kleidung. Die regenreichsten Monate sind November bis März.

Früh am nächsten Morgen beginnt die mehrstündige Etappe zum **Low's Peak**. Der Sonnenaufgang über den Wolken und der atemberaubende Ausblick entschädigen für die Strapazen des Aufstiegs.

`Erst-klassig`

## Wanderungen im Park

Wem eine Bergbesteigung zu anstrengend ist, der wandert auf markierten Pfaden rund um das Park Headquarter. Ein **Botanical Garden** zeigt die Flora der Region, darunter Kannenpflanzen und viele Orchideen. Das **Exhibition Centre** und die **Natural History Gallery** informieren über Flora und Fauna des Nationalparks und das Ökosystem Regenwald (tgl. 9–15 Uhr).

Seltener besucht ist der zweite Nationalpark-Eingang in **Mesilau** mit einem Kannenpflanzen-Wanderweg, auf dem etwa einstündige Touren stattfinden.

### Info

**Kinabalu Park Headquarters**
Am Parkeingang muss man sich anmelden.
■ www.mount-kinabalu-borneo.com

### Verkehr

■ Von Kota Kinabalu (90 km) halten **Busse** auf dem Weg nach Sandakan auf Wunsch am Eingang des Parks bei Kundasang (Ranau) an. Auf dem

TOP-TOUREN › Sabah › **Kinabalu-Nationalpark, Poring**

› Karte S. 117

Die größte Blume der Welt: die Rafflesia

Rückweg kann man ab Parkeingang auch mit **Großraumtaxis** nach Kota Kinabalu zurück oder Poring Hot Springs fahren. Reisebüros bieten komplette Tour-Packages an.

### Hotels

**Park-Unterkünfte** ●●●
Das Angebot reicht von gut ausgestatteten und beheizten teuren Lodges, Bungalows mit Küche und Kamin bis zu Schlafsaalbetten in Hostels. Unbedingt frühzeitig über Sutera Sanctuary Lodges in Kota Kinabalu › S. 128 buchen!
- Tel. 088/308914
- www.suteraharbour.com

**Laban Rata Resthouse** ●●●
Einfache, beheizte Vierbettzimmer, Duschen und ein Restaurant, das einzige auf dem Berg.
- in 3272 m Höhe
- Tel. 088/303 917
- www.labanratamountkinabalu.com

**Magic Mountain B & B** ●●●
Gemütliche Zimmer bei Peter aus Österreich und Lily aus Sabah.

Hervorragendes selbst gebackenes Brot. Vollpension.
- nahe Mesilau am Golfplatz
- Tel. 019/821 4338
- www.sabahbb.com

**Kinabalu Pine Resort** ●●
Holzhäuser mit großer Terrasse, die teureren mit großem Zimmer und Ausblick auf den Kinabalu.
- Kundasang
- Tel. 088/889 388
- www.kinabalupineresort.com.my

### Restaurant

Ein Restaurant und eine Cafeteria gibt es nahe dem Parkeingang. ●

## *Poring 4

Entspannung nach den Wanderungen versprechen die heißen Schwefelquellen von Poring, 45 km östlich des Parks in der Nähe der Kleinstadt Ranau. Die Gartenanlage, in der es neben Sitzbecken auch einen erfrischend kühlen Swimmingpool und ein Restaurant gibt, liegt inmitten eines Waldgebietes. Ein ausgeschilderter Weg führt von den Quellen zum Canopy Walkway. Von den wippenden Pfaden durch die Baumkronen ist der Einblick in das Ökosystem des tropischen Regenwaldes eine spannende Erfahrung. `Erst-klassig`

In der Umgebung von Poring kann man mit viel Glück ein blühendes Exemplar der Riesenblume **Rafflesia** sehen. Die rotbraune Blüte – die größte der Welt – der bis zu 10 kg schweren, parasitischen Pflanze erreicht Durchmesser von bis zu 1 m. Sie öffnet sie aber nur `Erst-klassig` alle drei bis vier Jahre für fünf bis sechs Tage und strömt einen penetranten Aasgeruch aus.

#### Hotel

Die einfachen Unterkünfte in Chalets und Hostels sind oft von Reisegruppen belegt.
- Anmeldung: Sutera Sanctuary Lodges › S. 128.

## Sandakan 5

In der Hafenstadt (415 000 Einw.) an der Nordostküste wurden bereits vor Jahrhunderten Gewürze, Schwalbennester und Perlen gegen chinesische Keramiken und Metallwaren getauscht. Im Zweiten Weltkrieg fast völlig zerstört, erlebte die Stadt in den 1970er-Jahren als Zentrum der Holzexporte einen erneuten Aufschwung, der aber schon wieder vorbei ist.

Auf einem Aussichtshügel im Westen erhebt sich die **Tempelanlage Puu Jih Shih** aus dem Jahr 1987. Das **Agnes Keith House**, das ehemalige Wohnhaus der Schriftstellerin (u.a. *The land below the wind*, 1939, über das Leben in Sandakan) in einem gepflegten Park, wurde zu einem interessanten Museum umgestaltet (tgl. 9–17 Uhr, 15 RM).

#### Info

**Tourist Office**
- Wisma Warisan, Jl. Empat
- Mo–Fr 8–16 Uhr

**Crystal Quest**
Für Boote und Unterkünfte im Turtle-Islands-Park, Eintritt 10 RM.
- Jl. Buli Sim Sim, Sabah Parks Jetty
- Tel. 089/212711

#### Verkehr
- **Flugzeug:** Airport 15 km nördl. Sandakan, Flüge tgl. nach Kota Kinabalu, Tawau, Kuala Lumpur und Kudat.
- **Mietwagen/Bus:** Nach Kota Kinabalu (7 Std.), zum Kinabalu-Nationalpark (5 Std.), nach Lahad Datu (2,5 Std.) und Tawau (4 Std.).

#### Hotels

**Sabah Hotel Sandakan ●●–●●●**
120 große Zimmer im ehemaligen Gouverneurspark, Pool, Restaurant.
- Jl. Utara
- Tel. 089/213 299
- www.sabahhotel.com.my

**Swiss Inn Waterfront ●●**
Neues Hotel direkt am Wasser mit modern eingerichteten, kleinen Zimmern.
- HS 12, Sandakan Harbour Square
- Tel. 089/240 888
- www.swissgarden.com/hotels/siws

#### Restaurants

**English Tea House ●●–●●●**   Erst-klassig
Im adretten Garten oder im mit Antiquitäten eingerichteten Speisesaal gepflegt dinieren mit Scones & Tea am Nachmittag und west-östlichen Gerichten am Abend.
- 2002 Jl. Istana, neben dem Agnes Keith House
- Tel. 089/222 544
- www.englishteahouse.org

**Restoran Ocean King ●●**   Erst-klassig
Riesiges chinesisches Seafood-Restaurant, große Auswahl, günstige Preise. Überdachte Terrasse direkt am Meer.

TOP-TOUREN › Sabah › **Sepilok, Turtle-Islands-Park**  › Karte S. 117

- Sandy Plan, Batu 2
- Jl. Batu Sapi, 3 km südwestlich am Meer
- Tel. 089/616 048

## **Sepilok** 6

**Erstklassig**

Das berühmte Rehabilitationszentrum für Orang-Utans, die aus privater Gefangenschaft befreit wurden, zieht viele Besucher an. Im Tieflandregenwald, 25 km westlich von Sandakan (am besten mit dem Taxi), werden die Menschenaffen auf das Leben in Freiheit vorbereitet. Das 1964 gegründete Zentrum war das erste seiner Art. Den Affenkindern wird beigebracht, Futter zu suchen und auf Bäume zu klettern, bevor sie allmählich von der Station entwöhnt werden. Bisher konnten bereits über 200 Tiere in die Freiheit entlassen werden. Einmal in den Wald zurückgekehrt, werden die Tiere nicht weiter beobachtet, sondern sich selbst überlassen.

Die meisten Bereiche der Station sind Besuchern nicht zugänglich. Bei der Fütterung an der Plattform A, tgl. 10 und 15 Uhr, kann man zusehen (Sa–Do 9–12, 14–16, Fr 9 bis 11 Uhr, 30 RM, Foto-Erlaubnis 10 RM). Wissenswertes über das Schutzgebiet und die Menschenaffen vermittelt das Informationszentrum. Ausgiebige Spaziergänge sind mit Genehmigung des Forestry Department möglich.

Das **Rainforest Discovery Centre** nahe dem Rehabilitationszentrum informiert anschaulich über den Regenwald. Zu sehen sind u.a. eine Ingwersammlung sowie ein Garten mit Orchideen, Kannen- und Heilpflanzen. Auf dem 150 m langen Canopy Walkway kann man durch die Gipfelregion des Waldes spazieren (www.sabah.gov.my/jhl, 10 RM, tgl. 8–17 Uhr).

### Hotels

**Sepilok Forest Edge Resort** ●●-●●●
Geräumige Holzbungalows mit Balkon in einer Gartenanlage, 10 Gehminuten vom Sepilok Centre.
- Tel. 089/533 190
- www.sepilokforestedgeresort.com

**Sepilok Jungle Resort** ●●
60 Zimmer in einer schönen Anlage mit Pool.
- 5 Minuten von Sepilok
- Tel. 089/533190
- www.sepilokjungleresort.com

## *Turtle-Islands-Park 7

Zur Inselgruppe 40 km nördlich von Sandakan kommen das ganze Jahr über Meeresschildkröten, um nachts ihre Eier in den warmen Sand abzulegen. Die Eier dieser vom Aussterben bedrohten Tiere werden eingesammelt und in umzäunten Gehegen wieder eingegraben. Wenn nach zwei Monaten die Jungtiere schlüpfen, werden sie am Strand ausgesetzt und machen sich sofort auf den gefährlichen Weg zum Meer, wo sie sich in die tosende Brandung stürzen. Die wenigen Weibchen, die die zahlreichen Gefahren des Ozeans überleben, kommen nach Jahren wieder zur Eiablage an ihren Strand hier zurück.

**Erstklassig**

**Kinabatangan, Danum Valley** ‹ Sabah ‹ TOP-TOUREN

#### Info

**Crystal Quest** › **S. 133** oder Reisebüros geben Auskünfte und buchen Unterkünfte auf Selingan.

#### Verkehr

- **Schiff:** Überfahrt von Sandakan per Speedboat ca. 1 Std.

#### Hotel

Auf Pulau Selingan einfache Chalets mit klimatisierten Zimmern mit Bad/WC. Nur mit Vollpension und als Teil einer Tour zu buchen. ●●●

## *Kinabatangan 8

Träge fließt der 600 km lange Kinabatangan, der längste Fluss Sabahs, in seinem Unterlauf durch den von Überschwemmungen bedrohten Tieflanddschungel. Dank des Engagements einiger Umweltschützer konnte ein Teil der Wälder nahe der Küste vor der Abholzung gerettet und 2002 als Wildlife Sanctuary unter Schutz gestellt werden. Dadurch hat eine einmalige Fauna und Flora überlebt, darunter seltene Nasenaffen, Orang-Utans und Elefanten. Bei Bootsfahrten und Wanderungen können Sie Tiere beobachten und die fantastische Landschaft erkunden (zwei- bis dreitägige Touren inkl. Übernachtung werden ab Sandakan angeboten).

**Erst-klassig**

#### SEITENBLICK

### Orang-Utans – die Waldmenschen

Orang Utan, »Mensch des Waldes«, nennen die Malaien den einzigen Menschenaffen Asiens, der nur auf Borneo und Sumatra vorkommt. Waren es auf Borneo Anfang des 20. Jhs. über 1 Mio. Tiere, leben heute in Sabah nur noch ca. 11 000 in freier Wildbahn. Seit Jahren stehen die zotteligen Vegetarier auf der Liste der vom Aussterben bedrohten Arten.

#### Hotels

**Sukai Rainforest Lodge** ●●●
20 Zimmer in einer exklusiven Lodge. Paket für 3 Tage/2 Nächte mit Vollpension, 5 Bootstouren und Anreise ab Sandakan.
- 10 Min. flussaufwärts von Sukau
- Borneo Eco Tours, Kota Kinabalu
- Tel. 088/438 300
- www.borneoecotours.com

**Kinabatangan Jungle Camp** ●●
In der rustikalen Lodge auf Stelzen kommen vor allem Vogelfreunde auf ihre Kosten. Als Tourpaket 3 Tage/2 Nächte mit Anreise, Verpflegung, drei langen Bootsfahrten und Dschungelwanderungen buchbar.
- In der Nähe von Kampung Bilit
- Tel. 089/533 190
- www.kinabatangan-jungle-camp.com

## **Danum Valley 9

Die meisten Primär-Regenwälder in Sabah sind abgeholzt worden. Im Südosten Sabahs blieb jedoch ein 438 km$^2$ großes Gebiet Tiefland-Regenwald (ganze 4,5 % des ursprünglichen Waldbestands!) als Schutzgebiet zu Forschungszwecken erhalten. In dem von der Sabah Foundation überwachten Areal konnte sich deshalb auch eine

TOP-TOUREN › Sabah › **Danum Valley, Sipadan, Sulu-See** › Karte S. 117

besonders reiche Tierwelt ausbreiten. Auf geführten Touren durch die faszinierende Dschungellandschaft und auf einem 300 m langen Canopy Walkway durch das Obergeschoss der Bäume können Besucher mit Glück seltene und gefährdete Borneo-Zwergelefanten, Gibbons, Bartschweine, Orang-Utans, Makaken, Tapire, Flughörnchen, mehrere Hirscharten, Nashornvögel und 340 weitere Vogelarten beobachten. Highlight ist die exklusive Borneo Rainforest Lodge, von der aus alle Wanderwege und Touren in das Gebiet führen. Im recht hohen Preis sind der Transfer von und nach Lahad Datu Airport (83 km), Vollpension und alle Touren mit eigenen Guides inbegriffen. Buchung über Tourveranstalter wie Borneo Nature Tours (www.borneonaturetours.com, Tel. 088/267 637). Gute Übersicht auch www.danumvalley.info.

### Verkehr

- **Flugzeug:** Mehrmals tgl. von Kota Kinabalu nach Lahad Datu.
- **Bus:** Expressbusse von/nach Sandakan und Kota Kinabalu.

## \*\*Sipadan u. a. Inseln in der Sulu-See 10

Erfahrene Taucher sind sich einig – die Unterwasserwelt um Sipadan, 40 km vor der Küste von **Semporna** im äußersten Südosten Sabahs, zählt zu den weltbesten Tauchgründen. Das winzige Eiland ist von einem Korallenriff umgeben und ragt wie ein Pilz aus dem Wasser. Die senkrecht abfallenden Wände des Riffs sind Lebensraum von unzähligen Meeresbewohnern, von denen Schildkröten, Barrakudas und Haie die größten sind.

**Da das Riff bereits geschädigt ist, wird die Anzahl der Taucher auf 120 pro Tag begrenzt.**

Seit die Unterkünfte auf Sipadan geschlossen sind, übernachten viele Taucher auf der benachbarten Insel **Mabul**. Wesentlich exklusiver sind die auf Stelzen im Meer stehenden Chalets auf \***Kapalai**. Auch auf den kleinen Inseln \***Mataking**, \***Lankayan** und \***Pom Pom** weiter im Norden sind Resorts und Tauchbasen entstanden. Sie sind ebenfalls von Semporna aus mit dem Speedboot in einer knappen Stunde zu erreichen und aufgrund der Insellage relativ teuer.

### Veranstalter von Tauchtouren

Pauschalangebote inkl. Tauchgänge, Ausrüstung, Bootstransfer bei

**Borneo Divers** › S. 130
für Sipadan und Mabul

**Pulau Sipadan Resort**
für Sipadan, Kapalai und Lankayan
- Tawau
- Tel. 089/765 200
- www.sipadan-resort.com

**The Reef Travel & Tour**
für Mataking
- 212 Jl. Bunga, Tawau
- Tel. 089/770 022
- www.mataking.com

**Pom Pom Island Resort**
5 Block B | Seafest Fishery Complex
- Semporna
- Tel. 089/781 918
- www.pompomisland.com.

## Tawau

380 000 Einwohner zählt die boomende Hafenstadt. Hinzu kommen zahllose illegale Einwanderer aus dem nahen Nachbarland Indonesien und den Philippinen, die der Stadt einen besonderen Charakter verleihen. Auf den fruchtbaren Böden im Umland ernteten bereits im 17. Jh. holländische Pflanzer Tabak, Kakao, Palmöl und Kautschuk. Zu Wohlstand gelangte die Stadt aber erst durch die Abholzung des Hinterlandes in den vergangenen Jahrzehnten. Mehrere **Märkte** in der Stadt und ein großer **Fischmarkt** am Hafen lohnen einen Besuch.

### Verkehr
- **Flugzeug:** Mehrmals tgl. von Tawau nach Kota Kinabalu und Sandakan.
- **Bus:** Expressbusse nach Sandakan und Kota Kinabalu. Minibusse nach Semporna (90 Min).

### Hotel
**Belmont Marco Polo Hotel** ●●
Das beste Hotel der Stadt mit 150 Zimmern.
- 1 Jl. Klinik
- Tel. 089/777 988
- www.sabahhotels.net

### Restaurants
Viele kleine Restaurants im Einkaufszentrum **Sabindo Plaza**.
- Jl. Kee Abdullah

Traumurlaub auf Kapalai

# Infos von A–Z

### Ärztliche Versorgung
Der Krankenhausstandard in den größeren Städten entspricht dem europäischen Niveau. In ländlichen Gebieten gibt es Krankenstationen. Die Behandlung ist in staatlichen Hospitälern preiswerter als in Privatpraxen *(klinik)*. Die meisten Medikamente erhält man auch ohne Rezept in Apotheken.

Unbedingt ratsam ist der Abschluss einer Reisekrankenversicherung, die den medizinisch notwendigen, besser noch den medizinisch sinnvollen Rücktransport einschließt. Für die Anerkennung der Arztrechnung müssen der Name des Patienten, Geburtsdatum, genaue Diagnose, Medikamente und Kosten der Behandlung vermerkt sein, am besten auf Englisch.

### Ausrüstung und Gepäck
Vieles, was Sie unterwegs benötigen, können Sie in Malaysia – oft günstiger als in Europa – kaufen. Ins Reisegepäck gehören: Sonnenbrille, Sonnenschutz (LSF ab 20), Kopfbedeckung (gegen Sonne, Regen, Insekten im Wald), kleiner Regenschirm, Tagesrucksack für Ausflüge, langärmeliges Hemd (Bluse), Pullover oder wärmere Jacke (für Aufenthalte in Bergregionen) und Ihre persönliche Reiseapotheke › Gesundheit.

Für Dschungeltouren sollten Sie einpacken: feste bequeme Schuhe, Kopfbedeckung, Tagesrucksack, Plastiktüten (für alles, was trocken bleiben soll), Bade- und Regenkleidung, Handtuch, Feuerzeug, Taschenlampe, Mückenschutzmittel, Plastikflasche für Trinkwasser, Proviant (Reste in Mülltüte mit zurücknehmen), Erste-Hilfe-Set, Kamera, ggfs. eine Filmdose (als umweltfreundlicher Aschenbecher für Zigarettenkippen).

### Diplomatische Vertretungen
- **Botschaften von Malaysia in Europa:**
Klingelhöferstr. 6, 10785 **Berlin**, Tel. 0 30/8 85 74 90, www.kln.gov.my/web/deu_berlin/home;
Florido Tower, Floridsdorfer Hauptstr. 1–7, A 1210 **Wien**, Tel. 01/5 05 10 42, Fax 5 05 79 42, www.kln.gov.my/aut_vienna/home;
Jungfraustr. 1, 3005 **Bern**, Tel. 0 31/3 50 47 00, www.kln.gov.my/web/che_berne/home
- **Europäische Botschaften in K.L.:**
**Deutsche Botschaft,** 26th Floor Menara Tan & Tan, 207 Jalan Tun Razak, Tel. 60 (0)3/21 70 96 66, www.kuala-lumpur.diplo.de;
**Österreichische Botschaft,** Wisma Goldhill, 67 Jl. Raja Chulan, Tel. 60 (0)3 23 81 71 60, www.bmeia.gv.at/botschaft/kuala-lumpur;
**Schweizer Botschaft,** 16 Persiaran Madge, Tel. 60 (0)3/21 48 06 22, www.eda.admin.ch/kualalumpur

### Drogen
**Malaysias Drogengesetze sind äußerst streng! Schon der Besitz von wenigen Gramm Marihuana oder Haschisch kann Sie ins Gefängnis bringen und auf Drogenbesitz von mehr als 15 Gramm steht die Todesstrafe! Nehmen Sie deshalb nie von Fremden Geschenke an, um diese außer Landes zu bringen, und achten Sie darauf, dass niemand Dinge in Ihrem Gepäck versteckt!**

### Ein- und Ausreise
Bei Vorlage eines Reisepasses, der noch mindestens 6 Monate gültig ist, erhal-

ten Sie ein Touristenvisum für 3 Monate. Bei der Einreise über Sarawak und Sabah wird an der Grenze mittlerweile auch ein Dreimonatsvisum erteilt.

Verlängerungen sind bei den Immigration Offices in größeren Städten möglich.

### Elektrizität

Die Netzspannung beträgt 220 bis 240 Volt. Bei Steckern ist das britische System mit drei Stiften üblich. Einen Adapter nehmen Sie besser mit.

### Feiertage

Neben den Festen der Volksgruppen › S. 34 werden auch staatliche Feiertage begangen. Das islamische Neujahrsfest wird mit Gebeten gefeiert. Am Nationalfeiertag (30./31. August), dem Tag der Unabhängigkeit, gibt es im ganzen Land, v.a. aber in Kuala Lumpur, farbenprächtige Umzüge.

Weitere feste Feiertage: 1. Jan., 1. Mai, 25. Dez.

Bewegliche Feiertage: Jan./Feb. (Chinese New Year), Feb. (Prophet Muhammads Geburtstag und Thaipussam), Mai (Vesakh), Anfang Juni (Geb. des Königs), 16. Sept. (Malaysia Day), Okt./Nov. (Hai Raya Haji und Deepavali), Nov. (Awal Muharram) › Aktuelle Termine: www.tourism.gov.my.

Wöchentlicher Ruhetag › Öffnungszeiten.

### Fotografieren

Mit Ausnahme von Militäranlagen gibt es keine Beschränkungen. Bei Aufnahmen von Menschen, besonders in Tempeln und Moscheen, sollte man aber um Erlaubnis fragen. In Internetcafés können Digitalbilder gebrannt und abgespeichert werden.

Für Aufnahmen im Regenwald sind Kameras mit besonders lichtempfindlichen Objektiven nötig.

### Gesundheit

Die gesundheitlichen Risiken in Malaysia sind relativ gering. Das Leitungswasser ist meist einwandfrei, aber stark gechlort. Abgekocht kann es bedenkenlos getrunken werden. Verzichten Sie aber auf Salate, ungeschältes Obst und leicht verderbliche Speisen, die nicht frisch zubereitet worden sind. Bei starken Durchfällen ist die Einnahme einer Elektrolytlösung zum Ausgleich von Flüssigkeits- und Salzverlusten ratsam.

Erkältungen sind aufgrund der Klimaanlagen in den Tropen relativ häufig. Entsprechende Medikamente sollten Sie also dabei haben, ebenso wie Mittel gegen Prellungen, Zerrungen und Verstauchungen, eine Wundsalbe, Pflaster und Verbandsmaterial.

Impfungen gegen Hepatitis A und Typhus sind ratsam. Überprüfen Sie Ihren Tetanus- und Polio-Impfschutz. Eine Malariaprophylaxe ist in den Küstenregionen und in den Städten der Halbinsel nicht notwendig, aber je nach Reiseziel in Ost-Malaysia. Auf dem Vormarsch ist Denguefieber, das ebenfalls durch Mückenstiche übertragen wird, gegen das es aber keine Schutzimpfung gibt. Erkundigen Sie sich vor der Reise beim Arzt oder Tropeninstitut. Info u.a. www.fitfortravel.de.

Der beste Schutz gegen Mückenstiche sind langärmelige Hemden und lange Hosen, Socken, ein Mücken abweisendes Mittel und ein Moskitonetz über dem Bett.

### Information

Das Büro von **Tourism Malaysia** versendet Infomaterial: Weissfrauenstr. 12–16, 60311 Frankfurt/M., Tel. 0 69/4 60 92 34 20, www.tourism.gov.my/de-de/de.

Die Adressen regionaler Informationsbüros stehen in den Städte- und Tourenbeschreibungen.

## Internet

In allen größeren Städten bieten Internet-Cafés, Cafés und Gästehäuser sowie die großen Hotels Internet-Zugang. WLAN ist ebenfalls weit verbreitet, in Hotels, an Airports sowie in Cafés.

## Kleidung

Im tropisch-heißen Klima empfiehlt sich leichte Bekleidung aus Leinen, Baumwolle oder den modernen atmenden Kunstfasern zu tragen. Auf ein korrektes Äußeres wird viel Wert gelegt. Badekleidung, Shorts und schulterfreie Blusen sind in Restaurants, Tempeln und Moscheen unpassend. Belasten Sie sich nicht mit zu viel Gepäck, denn Kleidung und Wäsche können Sie überall innerhalb eines Tages waschen lassen, der Preis steht dabei in direktem Zusammenhang mit der Kategorie des Hotels.

## Öffnungszeiten

- **Allgemeine Geschäftszeiten** sind täglich von 10–19 Uhr; viele Supermärkte haben sogar bis 22 Uhr geöffnet.
- **Banken** sind normalerweise von 9.30–15 Uhr geöffnet, am Samstag nur vormittags bis 11.30 Uhr.
- **Ämter** können Sie von 8–16.15 Uhr, Sa bis 12.45 Uhr besuchen, beachten Sie aber die Mittagspause i. d. R. 12.45–14 Uhr, Fr 12.15–14.45 Uhr
- **Wöchentlicher Ruhetag**: In den islamisch geprägten Staaten Kedah, Kelantan, Perlis und Terengganu geht das Wochenende von Do–Fr (sonst Sa–So), dann haben Behörden und Ämter geschlossen, nicht aber Geschäfte und Restaurants! Behörden bleiben zudem am ersten und dritten Samstag im Monat geschlossen.

## Post

Hauptpostämter sind Mo–Sa von 8 bis 17 Uhr geöffnet. Ein Brief oder eine Postkarte nach Europa ist etwa 5 Tage unterwegs. Briefmarken sind auch in Hotels und Souvenirläden erhältlich.

## Sicherheit

Malaysia gilt im allgemeinen als sicheres Reiseland. Diebstähle oder gar Überfälle auf Touristen sind selten. Trotzdem gilt wie überall auf der Welt: Wertsachen und Papiere gehören in den Hotelsafe. Eine Kopie von Pass und Flugticket sollten separat im Gepäck verstaut sein. Aktuelle Sicherheitsinfos: www.aus waertigesamt.de.
Landesweite Notrufnummern:
- **Polizei**: Tel. 999
- **Rettungswagen, Feuerwehr**: Tel. 994

## Souvenirs

Zu den beliebtesten Souvenirs gehören Zinn- und Silberwaren aus Perak und Selangor, Batiktextilien von der Ostküste sowie Flechtarbeiten und Holzschnitzereien aus Borneo. Auch die bunten Flugdrachen und die Riesenkreisel sind dekorative Geschenke. Niemand sollte sich scheuen, beim Kauf von Souvenirs zu handeln. Dies ist durchaus üblich, allerdings nicht in staatlichen Läden mit Festpreisen. Auf den Kauf von präparierten Tieren, ob Schmetterlinge, Spinnen oder Vögel, sollte man aus Artenschutzgründen verzichten.

Eine große Auswahl an schönem Kunsthandwerk finden Sie in K.L. (Karyaneka Handicraft Centre und Central Market), in Penang (Jl. Penang), Langkawi (Atma Alam Art Village, Bon Ton, Kompleks Kraf), Melaka (Jl. Hang Jebat), Kota Kinabalu (Sunday Market und Handicraft Market) und Kuching (Jl. Main Bazaar). Auch internationale Markenwaren und Designermode sind oft günstiger als in Europa und lohnen einen Einkaufsbummel durch die großen Einkaufszentren, vor allem in K.L.

### Telefon

Von den meisten – mit *international call* bezeichneten – öffentlichen Telefonen sind auch Auslandsgespräche mit der normalen Landesvorwahl möglich. Telefonkarten im Wert von 20–100 RM können an Zeitungskiosken und in einigen kleineren Geschäften gekauft werden. Ein Gespräch nach Deutschland kostet über IDD Call etwa 1 RM/Minute, in die Schweiz und nach Österreich 2,40 RM/Minute.

Die Vorwahlnummern innerhalb Malaysias gelten jeweils für das gesamte Gebiet und alle Orte des entsprechenden Bundesstaates.

Sie können mit Ihrem Handy, wesentlich billiger als über Roaming, mit einer malaysischen Karte und Telefonnummer telefonieren. Preiswert sind Gespräche (ins Ausland mit Sondervorwahl) mit einer Prepaid-SIM-Karte von von Hotlink (Maxis) (www.hotlink.com.my) oder Xpax (www.xpax.com.my). Innerhalb Malaysias kostet die Minute ab 0,16 RM (ins Festnetz) und ab 0,80 RM (ins Mobilnetz) ins Ausland. In den meisten Orten, in einigen Nationalparks sowie auf den meisten Inseln besteht Empfang.

**Internationale Vorwahlen** von Malaysia nach D: 00 49, A: 00 43, CH: 00 41. Von Europa nach Malaysia: 00 60.

### Trinkgeld

Trinkgelder werden weder in Hotels noch in Restaurants erwartet. In Restaurants ist auf der Rechnung bereits eine *service charge* von 10 % berücksichtigt. Gepäckträger oder Zimmermädchen sollten aber ein Trinkgeld bekommen.

Taxifahrer in Kuala Lumpur, die mit Taxameter fahren, freuen sich immer, wenn der Gast das Fahrgeld aufrundet, erwartet wird dieses aber nicht.

### Währung und Zahlungsmittel

Der malaysische Ringgit (RM) unterteilt sich in 100 Sen.

Banknoten gibt es zu 1, 5, 10, 20, 50, 100 und 500 RM, Münzen sind im Nennwert von 5, 10, 20, 50 Sen sowie von 1 RM in Umlauf.

Kreditkarten sind weit verbreitet und werden in großen Hotels, bei Airlines oder Autovermietungen akzeptiert. Bei Banken und an den meisten Geldautomaten kann mit Kreditkarte oder Geldkarte mit Cirrus- oder Maestro-Symbol (wichtig) und Geheimzahl Bargeld abgehoben werden; die Gebühren variieren je nach Karte. Sperrung von EC- und Kreditkarten Tel. 49 (0) 116 116.

### Zeit

Mitteleuropäische Zeit (MEZ) + 7 Std., während der europäischen Sommerzeit sind es nur + 6 Std.

### Zollbestimmungen

Waren des persönlichen Bedarfs können zollfrei eingeführt werden. Die Ein- und Ausfuhr von Drogen ist strafbar › S. 138. Antiquitäten dürfen nur mit Genehmigung einer Museumsbehörde ausgeführt werden. Die Ausfuhr von gefährdeten Tier- und Pflanzenarten aus Malaysia ist nach dem intern. Artenschutzabkommen ebenso verboten wie deren Einfuhr in Europa; es drohen Beschlagnahmung und hohe Strafen.

| Urlaubskasse | |
|---|---|
| Tasse Kaffee | 1–2 € |
| Softdrink | 0,50–1,50 € |
| Flasche Bier | 3,50–4 € |
| 10 Satespießchen | 1,50–2 € |
| Kugel Eis | 1,50 € |
| Taxifahrt (pro km) | ab 0,30 € |
| Mietwagen/Tag | ab 40 € |

# REGISTER

**A**lor Setar 84

**B**aba-Nyonya 54
Bajau 31
Bako-Nationalpark 124
Batu-Höhlen 53
Bidayuh 31, 120
Brooke, James 26
Bukit Larut 88

**C**ameron Highlands 85
Canopy Walkways
- Danum Valley 136
- FRIM in Kepong 53
- Gunung-Mulu-NP 127
- Penang Hill 74
- Poring 132
- Sepilok 134
- Taman Negara 107
Cherating 105
Chinesen 30
Clear Water Cave 126

**D**amai 122
Danum Valley 135
Dayak 31
Dayang Bunting, Insel 83
Deer Cave 127
Deerland 112
Dschungelwanderungen 109

**E**ndau-Rompin-Nationalpark 60
Essen & Trinken 35

**F**raser's Hill 88
FRIM 53

**G**enting Highlands 53
Georgetown 68
Gunung Machincang 82
Gua Musang 104
Gunung-Kinabalu-Nationalpark 130
Gunung-Mulu-Nationalpark 126

**H**ill Stations 88

**I**ban 31, 120, 123
Ibrahim, Anwar 25
Ipoh 90

**J**erantut 108
Johor Bharu 59
Jong's Krokodilfarm 125

**K**adazan-Dusun 31
Kannenpflanzen 111, 131
Kapalai, Insel 136
Kautschuk 28
Kek-Lok-Si-Tempel 76
Kenong-Rimba-Park 112
Kinabalu-Nationalpark 130
Kinabatangan 135
Kinder 14
Klima 16
Kongsi 76
Kota Bharu 98
Kota Kinabalu 128
Kuala Gandah Elephant Sanctuary 112
Kuala Kangsar 93
Kuala Lipis 112
Kuala Lumpur 45
Kuala Tahan 108
Kuala Tembeling 108
Kuala Terengganu 102
Kuantan 104
Kuching 118

**L**anghäuser 123
Langkawi, Insel 78
Lang's Cave 127
Lankayan, Insel 136
Lata Berkoh 108

**M**abul, Insel 136
Mahsuri, Prinzessin 80, 81
Malaien 30
Marang 102
Mataking, Insel 136
Maxwell Hill 88
Melaka 54
Melanau 31, 120
Mersing 60
Mesilau 131
Mietwagen 17
Miri 125
Murut 31

**N**asenaffen 135, 111
Nationalparks 110
Niah-Höhlen 126

**O**rang Asli 108
Orang Ulu 31, 120
Orang-Utans 135, 124, 111, 130

**P**angkor, Insel 88
Payar, Insel 84
Penan 31, 120
Penang, Insel 68
Peranakan 54
Perhentian-Inseln 100
Pom Pom, Insel 136
Poring 132
Punan 127
Putrajaya 54

**R**afflesia 111, 132
Rainforest Discovery Centre 134

**S**abah 128
Sandakan 133
Sarawak 118
Sarawak Chamber 126
Semenggoh Wildlife Rehabilitation Centre 124
Semporna 136
Sepilok 134
Sipadan, Insel 136
Suluk 31

**T**ahan-Fluss 108
Taiping 94
Taman Negara 106
Tasik Kenyir 103
Tawau 137
Tembeling-Fluss 108
Thaipusam 34, 48, 53
Time Tunnel 88
Tioman, Insel 61
Tunku-Abdul-Rahman-Nationalpark 130
Turtle-Islands-Park 134

**U**nterkunft 20

**W**eiße Rajas 26
Wind Cave 126

**Y**ang di-Pertuan Agong 24

**Z**inn 92

## Bildnachweis

**Coverfoto** © Kuala Terengganu, Perhentian Islands © Alamy/tropicalpics/JS Callahan
**Fotos Umschlagrückseite** © iStockphoto/Sze Fei Wong (links); Silwen Randebrock (Mitte); Fotolia/HenningManninga (rechts)

Alamy/Myimagefiles: 91; Alamy/Photoshot Holdings Ltd: 132; Alamy/Robert Harding Picture Library Ltd: 22; fotolia/Ahmad Faizal Yahya: 102; fotolia/covado: 20; fotolia/Denis Aglichev: 42; Frank Holl: 78; Huber Images/O. Stadler: 40, 61; Huber-Images/Reinhard Schmid: 1; iStockphoto/Li Kim Goh: 117; iStockphoto/miskani: 6; Volkmar Janicke: 49, 55, 70, 77, 121; Markus Kirchgeßner: 119, 126; Michal Kram: U2-4; laif/Henseler: 47; laif/C. Piepenburg: 86; Sabine von Loeffelholz: U2-1, U2-2, U2-3, 5, 14, 15, 63, 107; LOOK-foto/age fotostock: 113; LOOK-foto/Reinhard Dirscherl: 13; LOOK-foto/Holger Leue: 37; Mauritius Images/age: 25, 53, 81; Mauritius Images/Walter Bibikow: 31; Mauritius Images/Reinhard Discherl: 105; Mauritius Images/Robert Harding: 131; Mauritius Imgaes/Jose Fuste Raga: 93; Mauritius Images/ib/Peter Schickert: 110; shutterstock/Rafal Cichawa: 95; shutterstock/Alan49: 73; Südostasien Bildarchiv/Renate Loose: 35, 38, 84, 89, 99, 101, 123, 128, 137; Mario Weigt: 33.

Liebe Leserin, lieber Leser,
wir freuen uns, dass Sie sich für diesen POLYGLOTT on tour entschieden haben.
Unsere Autorinnen und Autoren sind für Sie unterwegs und recherchieren sehr gründlich, damit Sie mit aktuellen und zuverlässigen Informationen auf Reisen gehen können.
Dennoch lassen sich Fehler nie ganz ausschließen. Wir bitten Sie um Verständnis, dass der Verlag dafür keine Haftung übernehmen kann.

Ihre Meinung ist uns wichtig. Bitte schreiben Sie uns:
TRAVEL HOUSE MEDIA GmbH, Redaktion POLYGLOTT, Grillparzerstraße 12,
81675 München, redaktion@polyglott.de
**www.polyglott.de**

© 2014 TRAVEL HOUSE MEDIA
GmbH München
Dieses Buch wurde auf chlorfrei
gebleichtem Papier gedruckt.
ISBN 978-3-8464-9874-3

Alle Rechte vorbehalten. Nachdruck, auch auszugsweise, sowie die Verbreitung durch Film, Funk, Fernsehen und Internet, durch fotomechanische Wiedergabe, Tonträger und Datenverarbeitungssysteme jeglicher Art nur mit schriftlicher Genehmigung des Verlages.

**Bei Interesse an maßgeschneiderten POLYGLOTT Produkten:**
Tel. 089/450 00 99 12
veronica.reisenegger@travel-house-media.de

**Bei Interesse an Anzeigen:**
KV Kommunalverlag GmbH & Co KG
Tel. 089/928 09 60
info@kommunal-verlag.de

**Verlagsleitung:** Michaela Lienemann
**Redaktionsleitung:** Grit Müller
**Autoren:** Renate Loose, Heide Ilka Weber
**Redaktion:** Buch und Gestaltung/Britta Dieterle
**Bildredaktion:** Silwen Randebrock
**Layoutkonzept/Titeldesign:**
Gramisci Editorialdesign, München, und Ute Weber, Geretsried
**Karten und Pläne:** Gecko-Publishing GmbH, Bad Endorf
**Satz:** Ute Weber, Geretsried
**Druck und Bindung:**
Firmengruppe APPL,
aprinta druck, Wemding

PEFC
PEFC/04-32-0928

TRAVEL HOUSE MEDIA

*Ein Unternehmen der*
GANSKE VERLAGSGRUPPE

# Langenscheidt Mini-Dolmetscher Malaiisch

## Allgemeines

|  |  |
|---|---|
| Guten Morgen. | Selamat pagi. [səlamat pagi] |
| Guten Tag. (nachmittag) | Selamat petang. [səlamat pətang] |
| Hallo! | Hello! [hällo] |
| Wie geht's? | Apa khabar? [apa khabar] |
| Danke, gut. | Khabar baik. [khabar baik] |
| Ich heiße .... | Nama saya ... [nama saja] |
| Auf Wiedersehen | Sampai jumpa [sampai dsehumpa] |
| Morgen | pagi [pagi] |
| Nachmittag | petang [pətang] |
| Abend, Nacht | malam [malam] |
| morgen | besok / esok [bəsok / esok] |
| heute | hari ini [hari ini] |
| gestern | kelmarin [kelmarin] |
| Sprechen Sie Deutsch / Englisch? | Anda bisa bercakap Bahasa Jerman / Inggeris? [anda bisa bertschakap bahasa dsehermann / inggris] |
| Wie bitte? | Bagaimana? [bagaimana] |
| Ich verstehe nicht. | Saya tidak megerti. [saja tidak məgerti] |
| Sagen Sie es bitte nochmal. | Anda bisa ulang sekali lagi. [anda bisa ulang səkali lagi] |
| ..., bitte | ..., silakan / harup / tolong [silakan / harup / tolong] |
| Danke | terima kasih [tərima kasih] |
| Keine Ursache | kembali [kembali] |
| was / wer / welcher | apa / siapa / yang mana [apa / siapa / jang mana] |
| wo / wohin | di mana / ke mana [di mana / ke mana] |
| wie / wie viel | bagaimana / berapa [bagaimana / bərapa] |
| wann / wie lange | bila / berapa lama [bila / bərapa lama] |
| Wie heißt das? | Apa namanya? [apa namanja] |
| Wo ist ...? | Di mana ...? [di mana] |
| Können Sie mir helfen? | Bisakah anda tolong saya? [bisakah anda tolong saja] |
| ja / nein | ya / tidak [ja / tidak] |
| Entschuldigen Sie. | Maaf. [ma·af] |
| Das macht nichts. | Tak apa-apa. [tak apa apa] |

## Shopping

|  |  |
|---|---|
| Wo gibt es ...? | Di mana ada ...? [di mana ada] |
| Wie viel kostet das? | Berapa harganya? [bərapa harganja] |
| Das ist zu teuer. | Itu terlalu mahal. [itu terlalu mahal] |
| Das gefällt mir (nicht). | Saya (tidak) suka itu. [saja (tidak) suka itu] |
| Wo ist eine Bank? | Di mana ada bank? [di mana ada bank] |
| Geben Sie mir 100 g davon / zwei Kilo... | Saya minta seratus gram dari itu / dua kilo... [saja minta seratus gram dari itu / dua kilo] |
| Haben Sie englische Zeitungen? | Apakah ada surat kabar Inggeris? [apakah ada surat kabar dseherman] |
| Wo kann ich telefonieren / Telefonkarten kaufen? | Di mana saya bisa talipon / membeli kartu talipon? [di mana saja bisa talipon / məmbeli kartu talipon] |

## Essen und Trinken

|  |  |
|---|---|
| Die Speisekarte, bitte. | Tolong, daftar makanan. [tolong, daftar makanan] |
| Brot | roti [roti] |
| Kaffee (schwarz) | kopi (kosong) [kopi (kosong)] |
| Tee (ohne Milch / Zucker) | teh (oh) [teh (oh)] |
| Orangensaft | air oren [a·ir orən] |
| Suppe | sup [sup] |
| Fisch / Seafood | ikan / makanan laut [ikan / makanan la·ut] |
| Fleisch / Geflügel | daging / ayam [daging / ajam] |
| vegetarische Gerichte | makanan vegetaris [makanan vegetaris] |
| Gemüse | sayuran [sajuran] |
| Eier | telur [telur] |
| Salat | selada [səlada] |
| Kuchen / Süßspeisen | kuih / manis-manisan [kuih / manis‿manisan] |
| Obst | buah-buahan [buah‿buahan] |
| Speiseeis | aiskrim [ajskrim] |
| Wein | wain [uain] |
| Bier | bir [bir] |
| (Trink)wasser | air (minum) [a·ir (minum)] |
| Mineralwasser | air mineral [a·ir mineral] |
| Ich möchte bezahlen. | Saya inggin bayar. [saja inggin bajar] |